Todos los libros de Linkgua Ediciones cuentan con modelos de Inteligencia Artificial entrenados por hispanistas. Pregúntale al chat de tu libro lo que desees acerca de la obra o su autor/a.

Para ebooks: Accede a nuestro modelo de IA a través de este enlace.

Para libros impresos: Escanea el código QR de la portada con tu dispositivo móvil.

Obtén análisis detallados de nuestros libros, resúmenes, respuestas a tus preguntas y accede a nuestras ediciones críticas generativas para una experiencia de lectura más enriquecedora.
La transparencia y el respeto hacia la autoría de las fuentes utilizadas son distintivos básicos de nuestro proyecto. Por ello, las respuestas ofrecen, mediante un sistema de citas, las fuentes con las que han sido elaboradas.

Juan de Tovar

Origen
de los mexicanos

Barcelona **2024**
Linkgua-ediciones.com

Créditos

Título original: Origen de los mexicanos.

© 2024, Red ediciones S.L.

e-mail: info@linkgua.com

Diseño de cubierta: Mario Eskenazi

ISBN rústica: 978-84-9897-838-4.
ISBN ebook: 978-84-9897-917-6.

Cualquier forma de reproducción, distribución, comunicación pública o transformación de esta obra solo puede ser realizada con la autorización de sus titulares, salvo excepción prevista por la ley. Diríjase a CEDRO (Centro Español de Derechos Reprográficos, www.cedro.org) si necesita fotocopiar, escanear o hacer copias digitales de algún fragmento de esta obra.

Sumario

Créditos _____ **4**

Brevísima presentación _____ **7**
    La vida _____ 7

Libro I. Primera parte _____ **9**

Libro I. Segunda parte _____ **41**

Libro I. Tercera parte _____ **73**

Libro II. Tratado de los ritos y ceremonias y dioses que en su gentilidad usaban los indios de esta Nueva España _____ **107**
    Capítulo I. Del gran ídolo de los mexicanos llamado Huitzilopuchtli _____ 107
    Capítulo II. Del gran ídolo llamado Tezcatlipuca y del modo con que era solemnizado 119
    Capítulo III. Del templo de este ídolo Tezcatlipuca, donde se trata por junto y en común de las ceremonias y orden de las dignidades y sacerdotes que había _____ 126
    Capítulo IV. Del ídolo llamado Quetzalcoatl, dios de los cholultecas, que eran los famosos mercaderes de esta tierra _____ 135
    Capítulo V. Que una de ellas se llamaba Toci, que quiere decir «Nuestra abuela», hija del rey de Culhuacan _____ 139

Fragmentos _____ **143**
    Capítulo ... Que trata de cómo Ixtlilxuchitl y sus hermanos recibieron a los cristianos, y lo que ordenó Motecuzuma en México, después que supo de su venida en Tezcuco _____ 156
    Capítulo ... Cómo Cortés declara a Ixtlilxuchitl por lengua de los intérpretes la ley evangélica, y cómo se bautizó con sus hermanos y madre y gran número de gente, y del consejo que Motecuzuma tomó en México y lo que resultó _____ 157
    Capítulo ... Que trata cómo salieron de Tezcuco Cortés y los suyos para México y cómo los tlaxcaltecas se fueron a sus tierras _____ 159

Capítulo ... Que trata lo que don Hernando Ixtlilxuchitl hizo después de la ida de Cortés y sus amigos, y de lo que otro día después del recibimiento de Cortés trataron él y Motecuzuma _____ 161

Capítulo ... En que se trata la prisión de Motecuzuma. Y qué ocasión hubo para ello y lo que sucedió y de cómo Cacama y su hermano don Pedro se fueron a Tezcuco _____ 162

Capítulo ... En que se trata la muerte de Quauhpopoca y del rey Cacama. Y de cómo Cortés echó grillos a Motecuzuma, y lo que le pasó a don Hernando con su hermano don Pedro y Cacama _____ 163

Capítulo ... Trata la venida de Pánfilo de Narváez y lo que le sucedió a Cortés con él. Y lo que hizo Pedro de Alvarado en México, que quedó en su lugar _____ 165

Capítulo ... Trata de cómo Cortés entró en México y de la muerte de Motecuzuma __ 166

Capítulo ... Cómo con parecer de los españoles salió Cortés huyendo de México y don Hernando se fue a Tezcuco para enviarles socorro al camino _____ 167

Capítulo ... Trata lo que Cortés hizo en Tlaxcallan y en algunos lugares de la comarca, y cómo don Fernando, tuvo un encuentro con su hermano don Pedro por volver por los cristianos _____ 168

Capítulo ... Trata cómo Cortés y sus tlaxcaltecas entraron a Tezcuco, y cómo se hicieron allí los navíos y fueron sobre México, y por general de los indios don Fernando Ixtlilxuchitl _____ 169

Capítulo ... Que trata cómo el rey Quauhtemoc llamó a consejo y trató con sus vasallos que se diesen, y cómo no quisieron y de otras cosas, etc. _____ 170

Capítulo ... Como siguiendo el orden de don Fernando fueron los negocios de la guerra adelante y se ganó la mayor parte de la ciudad y el templo mayor, y lo que sucedió en esta ocasión _____ 171

Observación preliminar _____ **173**

Glosario _____ **175**

Libros a la carta _____ **189**

Brevísima presentación

La vida

El *Origen de los mexicanos*, atribuida al jesuita mestizo Juan de Tovar (1540?-1626), es una obra que se inspira en un manuscrito azteca desconocido. Su autor fue prebendado de la Catedral de México, profesor del colegio de San Gregorio y apasionado investigador de las antigüedades indígenas.

Tovar envió el *Origen de los mexicanos* al también jesuita José de Acosta, quien transcribió pasajes íntegros en su conocida *Historia natural y moral de las Indias*. El libro de Tovar resume los escritos de fray Diego Duran, quien a su vez siguió muy de cerca una historia redactada por un indígena en lengua náhuatl o azteca.

Aquí se relata la historia de la conquista desde la óptica de los vencidos.

Esta historia, fuente vital para el conocimiento del México prehispano, se conserva en un manuscrito, bautizado con el nombre de Ramírez en honor a su descubridor, junto con los fragmentos de otras dos relaciones no menos importantes.

Existen dos versiones manuscritas del mismo texto: una se conserva en la Biblioteca Nacional de Antropología e Historia; y la otra en la Biblioteca John Carter Brown, de Rhode Island, y contiene algunas láminas ilustradas.

En general, cuando se habla del Códice Ramírez se trata del manuscrito de 1587 de Juan de Tovar. El nombre completo del documento es *Códice Ramírez. Relación del origen de los indios que habitan en la Nueva España según sus historias*. Y es una copia incompleta del Códice Tovar, del cual solo incluye la segunda parte y fue descubierto por José Fernando Ramírez en 1856.

Cabe añadir que Tovar envió el *Origen de los mexicanos* al también jesuita José de Acosta, quien transcribió pasajes íntegros en su conocida *Historia natural y moral de las Indias*.

Libro I. Primera parte

Los indios de esta Nueva España, según la común relación de las historias de ellos, proceden de dos naciones diferentes: la una de ellas llaman nahuatlaca que quiere decir «gente que se explica y habla claro» a diferencia de la segunda nación [y] porque entonces era muy salvaje y bárbara [y] solo se ocupaban en andar a caza, los nahuatlacales [la] pusieron por nombre chichimeca, que significa «cazadora», y que vive de aquel oficio agreste y campesino; y por otro nombre les llaman otomíes. El nombre primero les impusieron porque todos ellos habitaban en los riscos y más ásperos lugares de las montañas, donde vivían bestialmente, sin ninguna policía, desnudos en cueros. Toda la vida se les iba en cazar venados, liebres, conejos, comadrejas, topos, gatos monteses, pájaros, culebras, lagartijas, ratones, langostas, gusanos, con lo cual y con yerbas y raíces se sustentaban. En la caza estaban bien diestros y tan codiciosos de ella que a trueque de matar una culebra o cualquiera otra sabandija se estaban todo el día en cuclillas hechos un ovillo tras una mata acechándola sin cuidado de coger, ni sembrar, ni cultivar. Dormían por los montes en las cuevas, y entre las matas, y las mujeres iban con sus maridos a los mismos ejercicios de caza, dejando los hijuelos colgados de una rama de un árbol, metidos en una cestilla de juncos bien hartos de leche hasta que volvían con la caza. Eran muy pocos y tan apartados que no tenían entre sí alguna conversación, ni trato, ni conocían ni tenían superior, ni adoraban dioses algunos, ni tenían ritos de ningún género; solamente se andaban cazando sin otra consideración alguna, viviendo cada cual por sí como queda referido. Estos chichimecas son los naturales de esta tierra, que por ser pocos y vivir en las cumbres de los montes estaban todos los llanos y mejores sitios desocupados, los cuales hallaron los nahuatlaca viniendo de otra tierra hacia el norte, donde ahora se ha descubierto un reino que llaman el Nuevo México. En esta tierra están dos provincias: la una llamada Aztlan, que quiere decir «Lugar de garzas»; y la otra se dice Teuculhuacan, que quiere decir «tierra de los que tienen abuelos divinos», en cuyo distrito están siete cuevas de donde salieron siete caudillos de los nahuatlaca, que poblaron esta Nueva España, según tienen por antigua tradición y pinturas.

Y es de advertir que aunque dicen que salieron de siete cuevas no es porque habitaban en ellas, pues tenían sus casas y sementeras con mucho orden y policía de república, sus dioses, ritos y ceremonias por ser gente muy política como se echa bien de ver en el modo y traza de los de Nuevo México de donde ellos vinieron, que son muy conformes en todo. Usase en aquellas provincias de tener cada linaje su sitio y lugar conocido: el que señalaban en una cueva diciendo la cueva de tal y tal linaje, o descendencia como en España se dice: la casa de los Velasco, de los Mendoza, etc.

Salieron pues los nahuatlaca de los sietes solares y cuevas el año del Señor de 820, tardaron en llegar a esta tierra más de ochenta años. La causa fue porque venían explorando la tierra, buscando las señas de la que sus dioses ídolos les mandaban poblar por cuya persuasión salieron de su patria. Y así, según iban hallando buenos sitios los iban poblando, sembrando y cogiendo sementeras, y como iban descubriendo mejores lugares, iban desamparando los que habían poblado, dejando entre ellos solamente a los viejos y enfermos, y gente cansada. Y así, quedaban poblados aquellos sitios y lugares, quedando en ellos muy buenos edificios, que hoy en día se hallan las ruinas, y rastros de ellos por el camino que trajeron, y esta fue la ocasión de tanta dilación en un viaje que en un mes se puede andar. Y así llegaron a este lugar de la Nueva España en el año de 902.

Los primeros que salieron de las cuevas fueron seis linajes, conviene a saber, los xochimilcas, que quiere decir «gente de las sementeras de flores» (de xuchitl, que es «flor», y milli, que es «sementera», se compone xochimilli, que significa «sementera de flores», y de aquí se dice el nombre xochimilca, que quiere decir «poseedores de las sementeras de flores»). El segundo linaje es el de los chalcas, que quiere decir «gente de las bocas», porque challi significa un «hueco a manera de boca», y así lo hueco de la boca llaman camachalli, que se compone de camac, que quiere decir la «boca», y de challi, que es lo «hueco», y de este nombre challi, y esta partícula, ca, se compone chalca, que significa «los poseedores de las bocas».

El tercer linaje es el de los tepanecas, que quiere decir «la gente de la puente, o pasadizo de piedra», derívase su nombre de tepanohuayan, que quiere decir «puente de piedra», el cual [está] compuesto [de] tetl, que es «piedra», y panohua, que es «vadear el agua», y de esta partícula yan, que denota «lugar». De estas tres cosas [hacen] tepanohuayan. Y de este nombre toman el tepano convirtiendo la o en e, y añaden el ca y dicen tepaneca. El cuarto linaje es el de los culhuas, que quiere decir «gente de la tortura o corva», porque en la tierra de donde vinieron está un cerro con la punta encorvada; compónese de coltic, que significa «cosa corva», y de esta partícula hua, que denota «posesión»; y así dicen culhuas. El quinto linaje es el de los tlalhuicas, derívase su nombre de tlalhuic, que significa «hacia la tierra», compónese de tlalli, que es «tierra», y de esta partícula huic, que quiere decir «hacia»; y toman este nombre tlahnic y le añaden esta partícula ca, y componen tlalhuica, que significa «gente de hacia la tierra». El sexto linaje es el de los tlaxcaltecas, que quiere decir la «gente del pan», compónese de tlaxcalli, que es «pan», y de esta partícula tecatl, y dicen tlaxcalteca. Todos estos nombres y dictados son tomados de sus antepasados, unos derivados de sus lugares, otros de sus caudillos, y otros de sus dioses, y ésta es la costumbre que estos indios tenían en imponer sus nombres. Heme detenido a explicar las etimologías de éstos porque adelante se han de repetir muchas veces, y porque en muchos nombres que en el progreso de esta historia se han de ofrecer, no se dirán las etimologías tan por menudo, porque estas bastan para entender el modo de todas ellas, que ponerlas todas de esta manera sería gran prolijidad.

Estos seis linajes referidos no salieron todos juntos ni todos en un año, sino unos primero y otros después, y así sucesivamente iban saliendo de sus tierras dejando sus solares o cuevas. La primera tribu que salió fue la de los xochimilcas, luego siguió la de los chalcas, y luego la de los tepanecas, y luego la de culhua; y tras de ellos los de tlalhuic, y los tlaxcaltecas, quedándose allá los de la Séptima Cueva, que son los mexicanos, dicen que por ordenación divina para venir a ser señores de esta tierra después de haberse extendido por toda ella estos otros seis linajes referidos, los cuales vinieron a esta Nueva España, trescientos y dos años primero que los mexicanos. Y así, poseyeron la tierra seiscientos y dos, el de Xochimilco, que salió primero, y los mexicanos, que vinieron los últimos, la poseyeron trescientos y un años después que a ella llegaron.

Estando ya estas naciones por esta tierra, los xochimilcas, que fueron los primeros, vinieron a dar a un grandísimo llano rodeado de serranía, cuyas vertientes hacían en medio de él una gran laguna de agua salobre y dulce, donde ahora está fundada la gran ciudad de México. Estos xochimilcas poblaron a la orilla de esta laguna hacia el mediodía, extendiéndose sin contradicción alguna por el llano hacia la serranía en grandísimo espacio, donde está fundada una provincia de esta nación de muy grandes pueblos, y muchas villas y lugares. A la ciudad principal pusieron Xochimilco, que quiere decir «Lugar de las sementeras de flores», por ser derivados de este nombre los que las poblaron. Llegaron no mucho después los chalcas, los cuales se juntaron con los xochimilcas, partieron términos con ellos quieta y pacíficamente, extendiéndose también en gran parte de la tierra, llamaron a su provincia Chalco, que quiere decir «Lugar de las bocas», por haberla poblado los chalcas, cuyo nombre se deriva de esto otro. Después de estos llegaron los tepanecas, los cuales asimismo poblaron quieta y pacíficamente a la orilla de la laguna. Estos tomaron el sitio que cae a la parte del occidente, extendiéndose tanto por toda aquella parte, y crecieron en tanto número que a la cabecera de su provincia llamaron Azcaputzalco, que quiere decir «Hormiguero», por la mucha gente que tenía. Y así vino a ser este el mayor y más principal reino, de todas seis naciones. Después de éstos vinieron los que poblaron la gran provincia de Tezcuco, que según dicen son los culhuas. Estos tomaron el sitio a la orilla de la laguna, hacia el oriente, extendiéndose tanto que vinieron a cumplir el cerco restante de la laguna. Esta es una gente muy política y cortesana, y en su lenguaje tan prima que puede competir en la elegancia con cuantas lenguas hay en el mundo, a lo menos en sus frases y modo de explicar. Llamaron a la cabecera de su provincia Teztcuco, porque en ella hay una yerba que se llama teztcutli; y de este nombre y de esta partícula co, que denota «lugar», dicen Teztcuco, que significa «Lugar de la yerba teztculli».

Cercada ya la laguna toda a la redonda de estas cuatro parcialidades, y habiendo dividido términos entre sí, los cuales corrían hasta las serranías que estaban en torno del llano en cuyo sitio estaba la laguna, llegaron los tlalhuicas, que era la gente más tosca de estas seis tribus, los cuales como hallaron ocupado todo el llano de la laguna hasta las sierras, pasaron a la otra parte de la serranía hacia el mediodía, donde hallaron una tierra muy espaciosa toda desocupada de gente. Esta tierra es caliente por estar amparada del norte con la serranía que tiene delante, por cuya causa es muy fértil y abundante de todo lo necesario; creció en ella tanto esta generación que está poblada de muchos y grandes pueblos de muy suntuosos edificios y muchísimas villas y lugares. Llamaron éstos a su provincia Tlalhuic porque la poblaron los tlalhuicas, a la cabecera de esta provincia llamaron Quauhnahuac, que quiere decir «Lugar donde suena la voz del águila». Esta provincia es la que ahora llaman el Marquesado.

Después de éstos, llegaron los tlaxcaltecas, y viendo ocupados los sitios de la laguna, asimismo pasaron hacia otra parte de la serranía, hacia el oriente, atravesando la sierra que acá llaman Nevada por estar todo el año cubierta de nieve, junto a la cual está un volcán entre la ciudad de México y la de los Ángeles. Halló esta gente hacia esta parte grandísimos sitios despoblados, y extendiéronse y crecieron tanto por esta parte que sería nunca acabar enumerar los pueblos, estancias, lugares y villas que de ellos hay, y ciudades no menos suntuosas en edificios y todo más que en otras provincias. Llamaron a la cabecera de su provincia Tlaxcallan, que quiere decir la «Tierra del pan». Pusieron este nombre porque la poblaron los tlaxcaltecas. Esta es la provincia que está reservada de tributo, porque ayudaron a la conquista de esta Nueva España a los españoles.

Al tiempo que todas estas naciones poblaban estos sitios despoblados, los chichimecas que habitaban los montes, que, como queda referido, son los naturales de esta tierra, no mostraron pesar, ni resistencia alguna, solamente se extrañaban y admirados se escondían en lo más oculto de las peñas. Los chichimecas que habitaban a la otra parte de la sierra nevada, donde poblaron los tlaxcaltecas, dicen que éstos eran gigantes, y que éstos quisieron defender el sitio, pero como era gente tan bárbara fácilmente los engañaron porque los aseguraron fingiendo paz con ellos, habiéndoles con esto aquietado y, dádoles una gran comida, tenían puesta gente en celada, y otros que con mucho secreto les hurtasen las armas, que eran unas grandes porras y rodelas y espadas de palo, y otros diversos géneros de armas. Estando asegurados con la fingida paz, hurtadas las armas y ellos muy descuidados, salieron los que estaban en celada, y dieron de improviso sobre ellos, que no quedó ninguno a vida. Algunos quisieron ponerse en defensa, y como no hallaron armas dicen que desgajaban las ramas de los árboles con tanta facilidad como si trincharan un rábano, con lo cual se defendían valerosamente. Pero al fin vinieron todos a morir; para testimonio de esto se hallan hasta hoy por aquella parte muchos huesos muy grandes de gigantes. Quedaron con esto los tlaxcaltecas pacíficos, y ellos y todos los demás linajes quietos y sosegados, edificando ciudades, villas y lugares, dividiendo sus términos unos entre otros para conocer sus posesiones y tierras, comunicándose unos con otros, y cultivando sus tierras sin pleito alguno, ni contradicción, lo cual viendo los chichimecas comenzaron a tener alguna policía, a cubrir sus carnes, y a serles vergonzoso lo que hasta entonces no les era; y comenzando a conversar con esta otra gente perdiéndoles el miedo que les tenían, y emparentando con ellos por vía de casamiento, comenzaron a hacer chozas y buhíos donde se meter en congregación y orden de república, eligiendo sus señores, y reconociéndoles superioridad. Y así salieron de aquella vida bestial que tenían, pero siempre en los montes, y llegados a las sierras apartadas de los demás.

 Estando ya los chichimecas en alguna policía y la tierra ya poblada y llena de los seis linajes referidos, pasados trescientos y dos años que habían dejado sus cuevas o solares, aportaron a esta tierra los de la séptima cueva, que es la nación mexicana, la cual como las demás salió de las tierras de Aztlan y Teuculhuacan, gente belicosa y animosa, que emprendía sin temor grandes hechos y hazañas, política y cortesana. Traían consigo un ídolo que llamaban Huitzilopuchtli, que quiere decir «Siniestra de un pájaro» que hay acá de pluma rica, con cuya pluma hacen las imágenes y cosas ricas de pluma; componen su nombre de huitzitzili, que así llaman al pájaro, y de opochtli, que quiere decir «Siniestra» y dicen Huitzilopochtli. Afirman que este ídolo los mandó salir de su tierra, prometiéndoles que los haría príncipes y señores de todas las provincias que habían poblado las otras seis naciones, tierra muy abundante de oro, plata, piedras preciosas, plumas y mantas ricas y de todo lo demás. Y así salieron los mexicanos, como los hijos de Israel, hacia la tierra de promisión, llevando consigo este ídolo metido en un arca de juncos como los otros el arca del testamento; llevando cuatro ayos, o sacerdotes principales, dándoles leyes, y enseñándoles ritos, ceremonias y sacrificios, los más supersticiosos, crueles y sangrientos que jamás se han oído (como en la relación de sus sacrificios en particular se verá). Finalmente, no se movían un punto sin parecer y mandado de este ídolo, que no se ha visto demonio que tanto conversase con las gentes como éste. Y así en todos los desatinos, y crueles sacrificios que estos miserables hacían, se parece muy bien ser dictados del mismo enemigo del género humano.

Fueron caminando con su arca por donde su ídolo los iba guiando, llevando por caudillo a uno que se llamaba Mexi, del cual toma el nombre de mexicanos; porque de Mexi, con esta partícula ca, componen mexica, que quiere decir «La gente de México». Caminaron con la misma prolijidad que las otras seis naciones, poblando, sembrando, y cogiendo en diversas partes; de lo cual hay hasta hoy ciertas señales y ruinas, pasando muchos trabajos y peligros. Lo primero que hacían donde quiera que paraban era edificar tabernáculo o templo para su falso dios según el tiempo que se detenían, edificándolo siempre en medio del real que asentaban, puesta el arca siempre sobre un altar como el que usa la Iglesia, que en muchas cosas la quiso imitar este ídolo como adelante se dirá.

Lo segundo que hacían era sembrar pan, y las demás semillas que usan para su sustento de riego y de temporal, y esto con tanta indiferencia que si su dios tenía por bien que se cogiese lo cogían, y si no en mandándoles alzar el real allí se quedaba todo para semilla y sustento de los enfermos, viejos, y viejas, y gente cansada que iban dejando donde quiera que poblaban, para que quedase toda la tierra poblada de ellos, que éste era su principal intento. Prosiguiendo de esta suerte su viaje, vinieron a salir a la provincia que se llama de Michoacán, que significa «Tierra de los que poseen el pescado» por lo mucho que allí hay, donde hallaron muy hermosas lagunas y frescura. Contentándoles mucho este sitio, consultaron los sacerdotes al dios Huitzilopochtli, [y le dijeron] que si no era aquella la tierra que les había prometido, que fuese servido quedase a lo menos poblada de ellos. El ídolo les respondió en sueños que le placía lo que le rogaban, que el modo sería que todos los que entrasen a bañarse en una laguna grande, que está en un lugar de allí que se dice Pázcuaro, así hombres como mujeres, después de entrados se diese aviso a los que fuera quedasen [para que] les hurtasen la ropa, y sin que lo sintiesen alzasen el real, y así se hizo. Los otros, que no advirtieron el engaño con el gusto de bañarse, cuando salieron se hallaron despojados de sus ropas. Y así, burlados y desamparados de los otros, quedando muy agraviados, [y] por negarlos en todo, de propósito mudaron el vestido y el lenguaje. Y así se diferenciaron de la gente o tribu mexicana.

Los demás prosiguiendo con su real. Iba con ellos una mujer que se llamaba la hermana de su dios Huitzilopochtli; la cual era tan grande hechicera y mala, que era muy perjudicial su compañía, haciéndose temer con muchos agravios y pesadumbres que daba con mil malas mañas, que usaba para después hacerse adorar por Dios. Sufríanla todos en su congregación por ser hermana de su ídolo, pero no pudiendo tolerar más su desenvoltura, los sacerdotes quejáronse a su dios, el cual respondió a uno de ellos en sueños que dijese al pueblo cómo estaba muy enojado con aquella su hermana por ser tan perjudicial a su gente, que no le había dado él aquel poder sobre los animales bravos para que se vengase, y matase a los que la enojan, mandando a la víbora, al alacrán, al ciento pies y a la araña mortífera que pique. Por tanto, que para librarlos de esta aflicción, por el grande amor que les tenía mandaba que aquella noche al primer sueño, estando ella durmiendo, con todos sus ayos y señores la dejasen allí y se fuesen secretamente sin quedar quien le pudiese dar razón de su real y caudillo. Y que esta era su voluntad, porque su venida no fue a enhechizar y encantar las naciones trayéndolas a su servicio por esta vía, sino por ánimo y valentía de corazón y brazos, por el cual modo pensaba engrandecer su nombre, y levantar la nación mexicana hasta las nubes, haciéndoles señores del oro y de la plata, y de todo género de metales y de las plumas ricas de diversos colores, y de las piedras de mucho precio y valor, y edificar para sí y en su nombre casas, y templos de esmeraldas y rubíes como señores de las piedras preciosas, y cacao, que en esta tierra se cría, y de las mantas de ricas labores con que se pensaba cubrir, y que a esto había sido su dichosa venida, tomando el trabajo de traerlos a estas partes para darles el descanso y premio de los trabajos que hasta allí habían pasado, y restaban. Propuso el sacerdote la plática al pueblo, y, quedando muy agradecidos y consolados, hicieron lo que el ídolo les mandaba, dejando allí a la hechicera, y su familia pasó adelante el real guiándolos su dios a un lugar que se dice Tula. La hechicera hermana de su dios cuando amaneció, y vio la burla que le habían hecho comenzó a lamentar y quejarse a su hermano Huitzilopochtli, y al fin no sabiendo a qué parte había encaminado su real, determinó quedarse por allí, y pobló un pueblo que se dice Malinalco, pusiéronle este nombre porque le pobló esta hechicera que se decía Malinalxochi, y de este nombre y de esta partícula componen Malinalco, que quiere decir «Lugar de Malinalxochi». Y así, a la gente de este pueblo han tenido y tienen por grandes hechiceros como hijos de tal madre, y esta fue la segunda división del real de los mexicanos, porque, como queda referido, la primera fue en Michoacán, y esto sin los enfermos, viejos y gente cansada que fueron dejando en diversas partes que de ellos se poblaron como al principio queda dicho.

Llegados los restantes del real con su caudillo y arca al pueblo que ahora se dice Tula, iba la gente bien disminuida por las divisiones que habían hecho, y así estuvieron allí harto tiempo rehaciéndose de gente y bastimentos, asentando en un cerro que se dice Cohuatepec, que quiere decir «El cerro de las culebras». Puestos allí, mandó el ídolo en sueños a los sacerdotes que atajasen el agua de un río muy caudaloso que por allí pasaba, para que aquel agua se derramase por todo aquel llano, y tomase en medio de aquel cerro donde estaban, porque les quería mostrar la semejanza de la tierra y sitio que les había prometido. Hecha la presa se extendió y derramó aquella agua por todo aquel llano haciéndose una muy hermosa laguna, la cual cercaron de sauces, álamos, sabinos, etc. Crióse en ella mucha juncia y espadaña, por cuya causa la llamaron Tula, que quiere decir «Lugar de la juncia o espadaña». Comenzó a tener grande abundancia de pescado y aves marinas como son patos, garzas, gallaretas, de que se cubrió toda aquella laguna con otros muchos géneros de pájaros, que hoy en día la laguna de México en abundancia cría. Hinchóse asimismo aquel sitio de carrizales y flores marinas, donde acudían diferentes maneras de tordos, unos colorados y [otros] amarillos, [con] cuya armonía [y] con el canto de las aves que estaban por las arboledas, que no eran menos, se puso deleitoso y ameno aquel lugar, el cual pintan en esta forma. [Este es el cerro de Tula llamado Cohuatepec, que quiere decir «Cerro de culebras», y «Cercado de agua que tiene juncia y espadaña y aves de volatería de muchas maneras para cazar y mucho pescado». Los que están pintados junto a él son los primeros pobladores llamados Otomíes, era su ídolo Huitzilopochtli.]

Estando los mexicanos en este lugar tan deleitoso olvidados de que les había dicho el ídolo que era aquel sitio solamente muestra y dechado de la tierra que les pensaba dar, comenzaron a estar muy de propósito, diciendo algunos que allí se habían de quedar para siempre y que aquél era el lugar electo de su dios Huitzilopochtli, que desde allí habían de conseguir todos sus intentos siendo señores de las cuatro partes del mundo, etc. Mostró tanto enojo de esto el ídolo que dijo a los sacerdotes:

—«¿Quién son éstos que así quieren traspasar y poner objeción a mis determinaciones y mandamientos? ¿Son ellos por ventura mayores que yo? Decidles que yo tomaré venganza de ellos antes de la mañana porque no se atrevan a dar parecer en lo que yo tengo determinado, y sepan todos que a mí solo han de obedecer». Dicho esto, afirman que vieron el rostro del ídolo tan feo y espantoso que a todos puso gran terror y espanto. Cuentan que aquella noche estando todos en sosiego oyeron a una parte de su real gran ruido, y acudiendo allá por la mañana, hallaron a todos los que habían movido la plática de quedarse en aquel lugar, muertos y abiertos por los pechos, sacados solamente los corazones, y entonces les enseñó aquel crudelísimo sacrificio que siempre usaron, abriendo a los hombres por los pechos, y sacándoles el corazón lo ofrecían a los ídolos diciendo que su dios no comía sino corazones. Hecho este castigo, Huitzilopochtli mandó a los ayos que deshicieran la represa y reparos de la toma del agua con que se hacía aquella laguna, y que dejasen ir el río que habían represado por su antiguo curso, lo cual pusieron luego por obra, y desaguándose por allí toda aquella laguna quedó aquel lugar seco de la manera que antes estaba. Viendo los mexicanos la esterilidad en que había quedado aquel lugar pasado algún tiempo, considerando que ya estaría desenojado su dios, consultáronle, y mandó que alzasen el real y así salieron de aquellos términos de Tula el año de 1168. Vinieron marchando hacia la gran laguna de México con el mismo orden y estilo que queda dicho, haciendo algunas pausas, sembrando y cogiendo sin tener encuentro de importancia con la gente de por allí, aunque siempre iban con recelo y pertrechándose hasta venir a llegar a un cerrillo llamado Chapultepec, que quiere decir «Cerro de las langostas» donde tuvieron contradicción como luego se dirá, el cual pintan de esta suerte. [Cerro de Chapultepeque, que quiere decir «Cerro de langostas». Su dios se llamaba Huitzilopuchtli.]

Llegados a este cerro de Chapultepec, que estaba ya junto a la gran laguna de México, asentaron allí su real no con poco temor y sobresalto por ser en los términos de los tepanecas, gente ilustre que entonces tenía el mando sobre todas esas otras naciones, cuya ciudad principal y corte era Azcaputzalco, que quiere decir «Hormiguero» por la muchísima gente que tenía como ya queda explicado. Puestos los mexicanos en este lugar hicieron sus chozas reparándose lo mejor que pudieron; consultaron a su dios de lo que habían de hacer, [y este] respondió que esperasen el suceso, que él sabía lo que había que hacer, y a su tiempo les avisaría; pero que estuviesen advertidos que no era aquel el lugar que él había elegido para su morada; que cerca de allí estaba, mas que se aparejasen, porque primero tendrían gran contradicción de dos naciones; que esforzasen sus corazones. Ellos, temerosos con esta respuesta de su ídolo, eligieron un capitán y caudillo de los más ilustres que en su compañía venía, [quien] tenía por nombre Huitzitihuitl, que significa la pluma del pájaro que ya se ha dicho y se dice Huitzitzili. Eligiéronle porque todos le conocían por hombre industrioso y de valeroso corazón, y que les haría mucho al caso para su defensa. Electo éste por capitán general, y habiéndole dado todos la obediencia, mandó fortalecer las fronteras de aquel cerro con unos terraplenes, que acá llaman albarradas, haciendo en la cumbre un espacioso patio donde todos se recogieron y fortalecieron, teniendo su centinela y guarda de día y de noche con mucha diligencia y cuidado, poniendo las mujeres y niños en medio del ejército, aderezando flechas, varas arrojadizas y hondas, con otras cosas necesarias a la guerra.

Estando de esta manera los mexicanos rodeados de innumerables gentes, donde nadie les mostraba buena voluntad; aguardando su infortunio; en este tiempo, la hechicera que dejaron desamparada, que se llamaba hermana de su dios, tenía ya un hijo llamado Copil, de edad madura, a quien la madre había contado el agravio que Huitzilopochtli le había hecho, de lo cual recibió gran pena y enojo Copil, y prometió a la madre vengar en cuanto pudiese el mal término que con ella se había usado. Y, así, teniendo noticia Copil que el ejército mexicano estaba en el cerro de Chapultepec, comenzó a discurrir por todas aquellas naciones [instando] a que destruyesen y matasen aquella generación mexicana publicándolos por hombres perniciosos, belicosos, tiranos y de malas y perversas costumbres, que él los conocía muy bien. Con esta relación toda aquella gente estaba muy temerosa, e indignada contra los mexicanos, por lo cual se determinaron de matarlos y destruirlos a todos. Teniendo ya establecido Copil su intento, subióse a un cerrillo que está junto a la laguna de México, donde están unas fuentes de agua caliente que hoy en el día llaman los españoles el Peñol. Estando allí Copil atalayando el suceso de su venganza y pretensión, el Huitzilopuchtli, muy enojado del caso, llamó a sus sacerdotes y dijo que fuesen todos a aquel peñol, donde hallarían al traidor del Copil, puesto por centinela de su destrucción, y que lo matasen y trajesen el corazón. Ellos lo pusieron por obra y hallándolo descuidado, le mataron y sacaron el corazón, y presentándolo a su dios, mandó [éste] que uno de sus ayos entrase por la laguna, y lo arrojasen en medio de un cañaveral que allí estaba. Y así fue hecho, del cual corazón fingen que nació el tunal donde después se edificó la ciudad de México. También dicen que luego que fue muerto Copil en aquel Peñol, en el mismo lugar nacieron aquellas fuentes de agua caliente que allí manan, y así las llaman Acopilco, que quiere decir «Lugar de las aguas de Copil».

Muerto Copil, movedor de las disensiones, no por eso se aseguraron los mexicanos, por estar ya infamados y muy odiosos, y no se engañaron porque luego vinieron ejércitos de los comarcanos con mano armada a ellos, corriendo allí hasta los chalcas, combatiéndolos por todas partes con ánimo de destruir y matar la nación mexicana. Las mujeres y niños, viendo tantos enemigos, comenzaron a dar gritos, y hacer gran llanto, pero no por eso desmayaron los mexicanos, antes tomando nuevo esfuerzo hicieron rostro a todos aquellos que los tenían cercados. Y a la primera refriega prendieron a Huitzilihuitl, capitán general de todos los mexicanos, mas no por eso desmayaron, y apellidando a su dios Huitzilopochtli, rompieron por el ejército de los chalcas, y llevando en medio todas las mujeres y niños y viejos, salieron huyendo entre ellos hasta meterse en una villa que se llama Atlacuihuayan, donde hallándola desierta se hicieron fuertes. Los chalcas y los demás, viéndose desbaratados de tan poca gente, no curaron de seguirlos casi como avergonzados, contentándose con llevar preso al caudillo de los mexicanos, al cual mataron en un pueblo de los culhuas llamado Culhuacan. Los mexicanos se repararon y refrescaron de armas en esta villa y allí inventaron un arma a manera de fisga que ellos llamaron atlatl, y por esto llamaron a aquel lugar Atlacuihuayan, que quiere decir «Lugar donde tomaron la arma atlatl». Habiéndose reparado de estas cosas fuéronse marchando por la orilla de la laguna hasta llegar a Culhuacan, donde el ídolo Huitzilopochtli habló a sus sacerdotes diciéndoles:

—«Padres y ayos míos, bien he visto vuestro trabajo y aflicción, pero consolaos, que para poner el pecho y la cabeza contra vuestros enemigos sois venidos. [He] aquí lo que haréis, enviad vuestros mensajeros al señor de Culhuacan y, sin más ruegos ni cumplimientos, pedidle que os señale sitio y lugar donde podáis estar y descansar, y no temáis de entrar a él con osadía, que yo sé lo que os digo y ablandaré su corazón para que os reciba. Tomad el sitio que os diere, bueno o malo, y asentad en él vuestro real hasta que se cumpla el término y plazo determinado de vuestro consuelo y quietud». Con la confianza del ídolo enviaron luego sus mensajeros al señor de Culhuacan, al cual propusieron su embajada, diciendo que acudían a él como a más benigno, con la esperanza que no solo les daría sitio para su ciudad, mas aun tierras para sembrar y coger para el sustento de sus mujeres e hijos. El rey de Culhuacan recibió muy bien los mensajeros de los mexicanos, y los mandó aposentar, tratándolos muy bien mientras consultaba el negocio con sus principales y consejeros, los cuales estaban tan contrarios y adversos que si el rey no estuviera con deseo de favorecer a los mexicanos, en ninguna manera los admitieran; pero al fin, dando y tomando con el consejo [y] después de muchas contradicciones, demandas y respuestas, les vinieron a dar un sitio, que se dice Tizapan, que significa «Lugar de las aguas blancas», no sin gran malicia de los de Culhuacan, porque estaba este sitio al pie de un cerro donde se criaban muchas víboras, culebras y sabandijas muy ponzoñosas; que descendiendo a aquel lugar estaba lleno de ellas, por cuya causa no se habitaba. Dieron este sitio a los mexicanos entendiendo que presto los acabarían estos animales ponzoñosos. Volviendo los mensajeros con la respuesta a los mexicanos, [quienes] admitieron el sitio de buena gana, y así entraron en él.

Comenzando a poblar, hallaron tantas malas sabandijas que recibieron gran pena y temor, mas su ídolo les dio remedio para que las rindiesen y amansasen, y fuesen muy buen manjar para ellos, y así se sustentaban de aquellas culebras y víboras, que les eran ya tan sabrosas que en breve dieron cabo de ellas; hicieron en este lugar una muy buena población, con su templo, casería y sementeras muy bien labradas con que estaban ya muy contentos, y su gente en mucho aumentó. Al cabo de muchos días, entendiendo los de Culhuacan que poco a poco se los habían consumido aquellas sabandijas, díjoles el rey:

—«Id y ved en qué han parado los mexicanos, y saludad de mi parte a los que hubieren quedado, y preguntadles cómo les va en el sitio que se les dio». Idos los mensajeros, hallaron los mexicanos muy alegres y contentos, con sus sementeras muy cultivadas y puestas en orden, hecho templo a su dios y ellos en sus casas; los asadores y ollas llenas de culebras, de ellas asadas y de ellas cocidas. Diéronles los de Culhuacan su embajada de parte del rey y ellos, teniéndolo en gran merced, respondieron el contento que tenían, agradeciendo el bien que se les había hecho. Y pues tanta amerced les hacía el rey que les había hecho. Y pues tanta merced les hacía el rey que trada y contratación en su ciudad, y consentimiento para que emparentasen los unos con los otros por vía de casamiento. Los mensajeros volvieron al rey con las nuevas de la pujanza y multiplico de los mexicanos, diciéndole lo que habían visto y lo que habían respondido. El rey y sus principales quedaron muy admirados de una cosa tan prodigiosa y nunca oída, y así cobraron de nuevo gran temor a los mexicanos diciendo el rey a su gente:

—«Ya os he dicho que esta gente es muy favorecida de su dios, y gente mala y de malas mañas; dejadles, no les hagáis mal, que mientras no les enojáredes ellos estarán sosegados». Desde entonces comenzaron los mexicanos a entrar en Culhuacan, y tratar y contratar libremente y a emparentar unos con otros tratándose como hermanos y parientes.

Estando en esta paz y sosiego, Huitzilopochtli, dios de los mexicanos, viendo el poco provecho que se le seguía de sus intentos con tanta paz, dijo a sus viejos y ayos:

—«Necesidad tenemos de buscar una mujer, la cual se ha de llamar la Mujer de la Discordia, y ésta se ha de llamar mi abuela en el lugar donde hemos de ir a morar, porque no es este sitio donde hemos de hacer nuestra habitación, más atrás queda el asiento que os tengo prometido, y es necesario que la ocasión de dejar este que ahora habitamos sea con guerra y muerte y que empecemos a levantar nuestras armas, arcos, flechas, rodelas y espadas y demos a entender al mundo el valor de nuestras personas. Comenzad pues a apercibiros de las cosas necesarias para vuestra defensa y ofensa de nuestros enemigos, y búsquese luego medio para que salgamos de este lugar. Y sea éste: que luego vayáis al rey de Culhuacan y le pidáis su hija para mi servicio, el cual luego os la dará, y ésta ha de ser la mujer de la discordia como adelante lo veréis».

Los mexicanos, que siempre fueron obedientísimos a su dios, fueron luego al rey de Culhuacan, y proponiendo su embajada viendo que le pedían la hija para reina de los mexicanos y abuela de su dios, con codicia de esto diósela sin dificultad, a la cual los mexicanos llevaron con toda la honra posible [y] con mucho contento y regocijo de ambas partes, así de los mexicanos como de los de Culhuacan. Y puesta en su trono, luego aquella noche habló el ídolo a sus ayos y sacerdotes diciéndoles

—«Ya os avisé que esta mujer había de ser la de la discordia entre vosotros y los de Culhuacan, y para [que] lo que yo tengo determinado se cumpla, matad esa moza y sacrificadla a mi nombre, a la cual desde hoy tomo por mi madre; después de muerta desollarla heis toda y el cuero vestírselo a uno de los principales mancebos y encima [debe] vestirse de los demás vestidos mujeriles de la moza, y convidaréis al rey, su padre [para] que venga a hacer adoración a la diosa su hija y a ofrecerle sacrificio». Todo lo cual se puso por obra (y esta es la que después los mexicanos tuvieron por diosa, que en el libro de los sacrificios se llama Toci, que quiere decir «Nuestra Abuela»). Llamaron luego al rey, su padre, para que la viniese a adorar según el ídolo lo había mandado. Aceptó el rey el convite, y juntando sus principales y señores les dijo que juntasen muchas ofrendas y presentes para ir a ofrecer a su hija que era ya diosa de los mexicanos: ellos, teniéndolo por cosa muy justa, juntaron muchas y diversas cosas acostumbradas en sus ofrendas y sacrificios, y saliendo con todo este aparato con su rey, vinieron al lugar de los mexicanos, los cuales los recibieron y aposentaron lo mejor que pudieron, dándoles el parabién de su venida. Después que hubieron descansado, metieron los mexicanos el indio que estaba vestido con el cuero de la hija del rey al aposento del ídolo Huitzilopochtli, y poniéndolo a su lado, salieron a llamar al rey de Culhuacan y padre de la moza, diciéndole:

—«Señor, si eres servido bien puedes entrar a ver a nuestro dios y a la diosa tu hija, y hacerles reverencia ofreciéndoles tus ofrendas». El rey, teniéndolo por bien, se levantó y entrando en el aposento del ídolo, comenzó a hacer grandes ceremonias, y a cortar las cabezas de muchas codornices y otras aves que había llevado, haciendo su sacrificio de ellas, poniendo delante de los dioses muchos manjares, incienso y flores y otras cosas tocantes a sus sacrificios, y por estar la pieza oscura no veía a quién ni delante de quién hacía aquellos sacrificios, hasta que tomando un brasero de lumbre en la mano según la industria que le dieron, echó incienso en él y, comenzando a incensar, se encendió de modo que la llama aclaró el lugar donde el ídolo y el cuero de su hija estaba, y reconociendo la crueldad tan grande, cobrando grandísimo horror y espanto soltó de la mano el incensario y salió dando grandes voces, diciendo:

—«Aquí, aquí mis vasallos, los de Culhuacan, contra una maldad tan grande como estos mexicanos han cometido, que han muerto mi hija y, desollándola, vistieron el cuero a un mancebo, a quien me han hecho adorar. Mueran y sean destruidos los hombres tan malos y de tan crueles costumbres; no quede rastro ni memoria de ellos; demos fin de ellos, vasallos míos». Los mexicanos, viendo las voces que el rey de Culhuacan daba y el alboroto en que a sus vasallos ponía, los cuales echaban ya mano a las armas, como gente que estaba ya sobre aviso, se retiraron metiéndose con sus hijos y mujeres por la laguna adentro, tomando el agua por reparo contra los enemigos, pero los de Culhuacan dieron aviso en su ciudad [y] salió toda la gente con mano armada y combatiendo a los mexicanos, los metieron tan adentro de la laguna, que casi perdían pie, por cuya causa las mujeres y niños levantaron gran llanto, mas no por eso los mexicanos perdieron el ánimo, antes esforzándose más comenzaron a arrojar contra sus enemigos muchas varas arrojadizas como fisgas, con las cuales los de Culhuacan recibieron mucho detrimento de suerte que se comenzaron a retirar. Y así, los mexicanos comenzaron a salir de la laguna y a tornar a ganar tierra, yéndose a reparar a un lugar a la orilla de la laguna que se dice Iztapalapan, y de allí pasaron a otro lugar llamado Acatzintitlan, por donde entraba un gran río a la laguna, el cual estaba tan hondo que no lo podían vadear, y así hicieron balsas con las mismas fisgas y rodelas y yerbas que por allí hallaron, y con ellas pasaron las mujeres y niños de la otra parte del río, y habiendo pasado, se metieron por un lado de la laguna entre unos cañaverales, espadañas y carrizales, donde pasaron aquella noche con mucha angustia, trabajo y aflicción y llanto de las mujeres y niños, pidiendo que los dejasen morir allí, que ya no querían más trabajos. El dios Huitzilopochtli, viendo la angustia del pueblo, habló aquella noche a sus ayos y díjoles que consolasen a su gente y la animasen, pues todo aquello era para tener después más bien y contento; que descansasen ahora en aquel lugar. Los sacerdotes consolaron al pueblo lo mejor que pudieron, y así, algo aliviados con la exhortación, todo aquel día gastaron en enjugar sus ropas y rodelas, edificando un baño que ellos llaman temazcalli, que es un aposento estrecho con un hornillo a un lado por donde le dan fuego, con cuyo calor queda el aposento más caliente que una estufa, llaman a este modo de bañarse. Hicieron este baño en un lugar que está junto a esta ciudad llamado Mexicalzinco, donde se bañaron y recrearon algún tanto; de allí pasaron a otro lugar llamado Iztacalco, que está más cerca de la ciudad de México, donde estuvieron algunos días; después, pasaron a otro lugar a la entrada de esta ciudad, donde ahora está una ermita de San Antonio; de aquí entraron en un barrio que ahora es de la ciudad, llamado San Pablo, donde parió una señora de las más principales de su compaña, por cuya causa hasta hoy se llama este sitio Mixiuhtlan, que significa «Lugar del parto». De esta suerte y con este estilo, se fue metiendo poco a poco su ídolo al sitio en que pretendía se edificase su gran ciudad, que ya de este lugar estaba muy cerca. Sucedió que estando ellos aquí comenzaron a buscar y mirar si había por aquella parte de la laguna algún sitio acomodado para poblar y fundar su ciudad, porque ya en la tierra no había remedio por estar todo poblado de sus enemigos. Discurriendo y andando a unas partes y a otras entre los carrizales y espadañas, hallaron un ojo de agua hermosísimo donde vieron cosas maravillosas y de grande admiración, las cuales habían antes pronosticado sus sacerdotes, diciéndolo al pueblo por mandado de su ídolo. Lo primero que hallaron en aquel manantial fue una sabina blanca muy hermosa al pie de la cual manaba aquella fuente; luego, vieron que todos los sauces que alrededor de sí tenía aquella fuente, eran todos blancos, sin tener ni una sola hoja verde, y todas las cañas y espadañas de aquel lugar eran blancas, y estando mirando esto con grande atención, comenzaron a salir del agua ranas todas blancas y muy vistosas. Salía esta agua de entre dos peñas tan clara y tan linda que daba gran contento.

Los sacerdotes, acordándose de lo que su dios les había dicho, comenzaron a llorar de gozo y alegría, y hacer grandes extremos de placer, diciendo:

—«Ya hemos hallado el lugar que nos ha sido prometido; ya hemos visto el consuelo y descanso de este cansado pueblo mexicano; ya no hay más que desear; consolaos, hijos y hermanos, que lo que nos prometió nuestro dios hemos ya hallado; pero callemos, no digamos nada, sino volvamos al lugar donde ahora estamos, donde aguardemos lo que nos mandare nuestro señor Huitzilopochtli». Vueltos al lugar donde salieron, luego aquella noche siguiente apareció Huitzilopochtli en sueños a uno de sus ayos, y díjole:

—«Ya estaréis satisfechos. Cómo yo no os he dicho cosa que no haya salido verdadera, [ya] habéis visto y conocido las cosas que os prometí veríades en este lugar, donde yo os he traído. Pues esperad, que aun más os falta por ver. Ya os acordáis cómo os mandé matar a Copil, hijo de la hechicera que se decía mi hermana, y os mandé que le sacásedes el corazón y lo arrojásedes entre los carrizales y espadañas de esta laguna, lo cual hicisteis; sabed, pues, que ese corazón cayó sobre una piedra, y de él salió un tunal, y está tan grande y hermoso que una águila habita en él, y allí encima se mantiene y come de los mejores y más galanos pájaros que hay, y allí extiende sus hermosas y grandes alas, y recibe el calor del Sol y la frescura de la mañana. Id allá a la mañana, que hallaréis la hermosa águila sobre el tunal y alrededor de él veréis mucha cantidad de plumas verdes, azules, coloradas, amarillas y blancas de los galanos pájaros con que esta águila se sustenta, y a este lugar donde hallaréis el tunal con el águila encima, le pongo por nombre Tenochtitlan». Este nombre tiene hasta hoy esta ciudad de México, la cual en cuanto fue poblada de los mexicanos se llamó México, que quiere decir «Lugar de los mexicanos»; y en cuanto a la disposición del sitio se llama Tenochtitlan porque tetl es la «piedra» y nochtli es «tunal», y de estos dos nombres componen tenochtli, que significa «el tunal y la piedra» en que estaba, y añadiéndole esta partícula tlan, que significa «lugar», dicen Tenochtitlan, que quiere decir «Lugar del tunal en la piedra».

Otro día de mañana, el sacerdote mandó juntar todo el pueblo, hombres y mujeres, viejos, mozos y niños sin que nadie faltase, y puestos en pie comenzó a contarles su revelación, encareciendo las grandes muestras, mercedes que cada día recibían de su dios con una prolija plática, concluyendo con decir que «en este lugar del tunal está nuestra bienaventuranza, quietud y descanso, aquí ha de ser engrandecido y ensalzado el nombre de la nación mexicana, desde este lugar ha de ser conocida la fuerza de nuestro valeroso brazo y el ánimo de nuestro valeroso corazón con que hemos de rendir todas las naciones y comarcas, sujetando de mar a mar todas las remotas provincias y ciudades, haciéndonos señores del oro y plata, de las joyas y piedras preciosas, plumas y mantas ricas, etc. Aquí hemos de ser señores de todas estas gentes, de sus haciendas, hijos e hijas; aquí nos han de servir y tributar. En este lugar se ha de edificar la famosa ciudad que ha de ser reina y señora de todas las demás, donde hemos de recibir todos los reyes y señores, y donde ellos han de acudir y reconocer como a suprema corte. Por tanto, hijos míos, vamos por entre estos cañaverales, espadañas y carrizales donde está la espesura de esta laguna, y busquemos el sitio del tunal, que pues nuestro dios lo dice no dudéis de ello, pues todo cuanto nos ha dicho hemos hallado verdadero». Hecha esta plática del sacerdote, humillándose todos, haciendo gracias a su dios, divididos por diversas partes entraron por la espesura de la laguna, y buscando por una parte y por otra, tornaron a encontrar con la fuente que el día antes habían visto y vieron que el agua que antes salía muy clara y linda, aquel día manaba muy bermeja casi como sangre, la cual se dividía en dos arroyos, y en la división del segundo arroyo salía el agua tan azul y espesa, que era cosa de espanto, y aunque ellos repararon en que aquello no carecía de misterio, no dejaron de pasar adelante a buscar el pronóstico del tunal y el águila, y andando en su demanda, al fin dieron con el lugar del tunal, encima del cual estaba el águila con las alas extendidas hacia los rayos del Sol, tomando el calor de él, y en las uñas tenía un pájaro muy galano de plumas muy preciadas y resplandecientes. Ellos como la vieron, humilláronse, haciéndole reverencia como a cosa divina, y el águila como los vio, se les humilló bajando la cabeza a todas partes donde ellos estaban, los cuales viendo que se les humillaba el águila y que ya habían visto lo que deseaban, comenzaron a llorar y hacer grandes extremos, ceremonias y visajes con muchos movimientos en señal de alegría y contento, y en hacimiento de gracias decían:

—«¿Dónde merecimos tanto bien? ¿quién nos hizo dignos de tanta gracia, excelencia y grandeza? Ya hemos visto lo que deseábamos, ya hemos alcanzado lo que buscábamos, ya hemos hallado nuestra ciudad y asiento, sean dadas gracias al señor de lo criado, y a nuestro dios Huitzilopochtli»; y yéndose a descansar por aquel día, señalaron el lugar el cual pintan de esta manera.

[Pie de imagen no disponible en esta edición: Esta es la laguna de México y su dios era el dicho Huitzilopuchtli. Y estas son las armas de México.]

Luego, al día siguiente, dijo el sacerdote a todos los de su compañía:

—«Hijos míos, razón será que seamos agradecidos a nuestro dios por tanto bien como nos hace; vamos todos y hagamos en aquel lugar del tunal una ermita pequeña donde descanse ahora nuestro dios, ya que de presente no la podemos edificar de piedra hagámosla de céspedes y tapias hasta que se extienda a más nuestra posibilidad». Lo cual oído, todos fueron de muy buena gana al lugar del tunal, y cortando céspedes, lo más gruesos que podían, de aquellos carrizales, hicieron un asiento cuadrado junto al mismo tunal para fundamento de la ermita en el cual fundaron una pequeña y pobre casa a manera de un humilladero, cubierta de paja de la que había en la misma laguna porque no se podían extender a más, pues estaban y edificaban en sitio ajeno, que aquel en que estaba caía en los términos de Azcaputzalco y los de Teztcuco, porque allí se dividían las tierras de los unos y de los otros, y así estaban tan pobres, apretados y temerosos, que aun aquella casilla de barro que hicieron para su dios la edificaron con harto temor y sobresalto. Pero juntándose todos en consejo hubo algunos a quien pareció fuesen con mucha humildad a los de Azcaputzalco y a los tepanecas, que son los de Tacuba y Coyoacan, a los cuales se diesen y ofreciesen por amigos y se les sujetasen con intento de pedirles piedra y madera para el edificio de su ciudad; pero los más de ellos fueron de contrario parecer, diciendo que además de ser aquello mucho menoscabo de sus personas, se ponían en riesgo de que los recibiesen mal y que los injuriasen y maltratasen, y así que el mejor medio era que los días de mercado saliesen a los pueblos y ciudades a la redonda de la laguna, y ellos y sus mujeres llevasen pescado y ranas con todo género de sabandijas que el agua produce y de todas las aves marinas que en la laguna se crían, con lo cual comprasen piedra y madera para el edificio de su ciudad, y esto libremente sin reconocer ni sujetarse a nadie, pues su dios les había dado aquel sitio. Pareciendo a todos ser este medio el más acertado lo pusieron en ejecución, y metiéndose en los cañaverales, espadañas y carrizales de la laguna, pescaban mucho número de peces, ranas, camarones, y otras cosillas, y asimismo cazaban muchos patos, ánsares, gallaretas, corvejones y otros diversos géneros de aves marinas, y teniendo cuenta con los días de mercado, salían a ellos en nombre de cazadores, y pescadores y trocaban todo aquello por madera de morillos y tablillas, leña, cal y piedra, y aunque la madera y piedra era pequeña, con todo eso comenzaron a hacer el templo de su dios lo mejor que pudieron, cubriéndolo de madera, y poniéndole por de fuera sobre las tapias de tierra, una capa de piedras pequeñas revocadas con cal, y aunque chica y pobre la ermita quedó con esto con algún lustre y algo galana. Luego, fueron poco a poco haciendo plancha para el cimiento y sitio de su ciudad encima del agua, hincando muchas estacas, y echando tierra y piedra entre ellas. Acabado de reparar su templo, como queda referido, y cegada gran parte de la laguna con las planchas y cimientos para su ciudad, una noche habló Huitzilopochtli a uno de sus sacerdotes y ayos de esta manera:

—«Di a la congregación mexicana que se dividan los señores cada uno con sus parientes, amigos y allegados en cuatro barrios principales tomando en medio la casa que para mi descanso habéis edificado, y cada parcialidad edifique en su barrio a su voluntad». Estos son los barrios que hasta hoy en día permanecen en esta ciudad de México, que ahora se llaman San Pablo, San Juan, Santa María la Redonda y San Sebastián. Después de divididos los mexicanos en estos cuatro barrios, mandóles su dios que repartiesen entre sí los dioses que él les señalase, y que cada principal barrio de los cuatro nombrase y señalase otros barrios particulares, donde aquellos dioses fuesen reverenciados, y así cada barrio de estos cuatro principales se dividió en muchos barrios pequeños conforme al número de los ídolos que su dios les mandó adorar, a los cuales llamaban Capultetes, que quiere decir «Dioses de los barrios». Hecha esta división con el concierto de sus colaciones de ídolos, algunos de los viejos y ancianos pareciéndoles que en la partición de los sitios no se les daba la honra que merecían [y], como gente agraviada, ellos y sus parientes y amigos se amotinaron y se fueron a buscar nuevo asiento, y discurriendo por la laguna vinieron a hallar una albarrada o terraplén, que ellos llamaban Tlatelolli, donde poblaron, dando por nombre al lugar Tlatelulco, que quiere decir «Lugar de terraplén». Estos hicieron la tercera división del real mexicano, porque, como queda referido, los de Michoacán hicieron la primera, y los de Malinalco, descendientes de la hechicera, hicieron la segunda. Cuenta La Historia que estos de la tercera división eran inquietos, revoltosos y de malas intenciones, y así les hacían muy mala vecindad, porque desde el día que allí se pararon nunca tuvieron paz ni se llevaron bien con sus hermanos los mexicanos, y hasta ahora hay bandos y enemistades entre ellos.

Viendo, pues, los mexicanos del principal sitio del tunal la desenvoltura y libertad de los que se habían pasado a Tlatelulco, hicieron junta y cabildo sobre el reparo de su ciudad y guarda de sus personas, no teniéndose por seguros de los que se habían apartado de ellos, porque se iban multiplicando y ensanchando mucho, temiendo no los viniesen a sobrepujar, y, eligiendo rey, hiciesen bando y cabeza por sí, y que, según eran de revoltosos y de perjudiciales costumbres, no sería mucho hiciesen esto con brevedad. Y así, propuestas estas razones, determinaron de ganarles por la mano, y dando fin a su consulta dijeron:

—«Elijamos un rey que a los de Tlatelulco y a nosotros nos tenga sujetos, y de esta manera se excusarán estos sobresaltos e inconvenientes que se pueden seguir. Y, si os parece, no sea de nuestra congregación, sino traigámoslo de fuera, pues está Azcaputzalco tan cerca y estamos en sus tierras, o si no sea de Culhuacan o de la provincia de Tezcuco. Finalmente, acordáronse que habían emparentado los mexicanos con los de Culhuacan, y que entre ellos tenían hijos y nietos; y así, [tanto] los principales como los demás determinaron de elegir por rey a un mancebo llamado Acamapichtli, hijo de un gran principal mexicano y una gran señora hija del rey de Culhuacan. Hecha la elección, determinaron de enviarlo a pedir al rey de Culhuacan, cuyo nieto era, y para esto aparejaron un gran presente, y escogiendo dos personas ancianas y retóricas enviaron su presente al rey, al cual los embajadores hablaron en esta forma:

«Gran señor, nosotros tus siervos y vasallos los mexicanos, metidos y encerrados entre las espadañas y carrizales de la laguna, solos y desamparados de todas las naciones, encaminados solamente por nuestro dios al sitio donde ahora estamos, que está en la jurisdicción de este tu reino, y de Azcaputzalco y de Tezcuco; con todo eso, ya que nos habéis permitido entrar en él, no será justo que estemos sin señor y cabeza que nos mande, corrija, guíe y enseñe en nuestro modo de vivir, y nos defienda y ampare de nuestros enemigos. Por tanto, acudimos a ti, sabiendo que entre vosotros hay hijos de nuestra generación emparentada con la vuestra, salidos de nuestras entrañas y de las vuestras, sangre nuestra y vuestra; [entre] de estos, tenemos noticia de un nieto tuyo y nuestro llamado Acamapichtli, suplicándote nos lo des por señor, al cual estimaremos en lo que él merece, pues es de la línea de los señores mexicanos y de los reyes de Culhuacan». El señor de Culhuacan viendo la petición de los mexicanos y que él no perdía nada en enviar a su nieto a reinar a México, les respondió:

—«Honrados mexicanos, yo he oído vuestra justa petición, y huelgo mucho datos contento en eso, porque demás de ser honra mía, ¿de qué me sirve aquí mi nieto? Tomadlo y llevadlo mucho de enhorabuena, y sirva a vuestro dios, y esté en lugar de Huitzilopuchtli, y rija y gobierne las criaturas de Aquel por quien vivimos, señor de la noche y día, y de los vientos, y sea señor del agua y de la tierra en que está la nación mexicana». Y acordándose en el discurso de la plática [del cómo habían desollado a la hija del rey pasado, dijo:

—«Y hágoos saber que si fuera mujer en ninguna manera os lo diera; mas como es hombre llevadle enhorabuena, tratadle como se merece, y como hijo y nieto mío». Los mexicanos, agradeciendo la liberalidad del rey, le rindieron muchas gracias, y le suplicaron les diese juntamente una señora de la misma línea con quien su rey fuese casado. Y así, luego lo casaron con una señora muy principal, y trayéndolo con toda la honra posible, salió toda la nación mexicana, hombres y mujeres, grandes y chicos, a recibir a su rey, al cual llevaron a los aposentos reales que entonces tenían, que eran bien pobres, y sentándolo a él y a su mujer en unos asientos reales a su modo, levantóse luego uno de aquellos ancianos, y hizo una plática al rey en esta forma:

—«Hijo mío, señor y rey nuestro, seas muy bien llegado a esta tu pobre casa y ciudad, entre estos carrizales y espadañas, donde los pobres de tus padres, abuelos y parientes, los mexicanos, padecen lo que el señor de lo criado se sabe. Mira, señor, que vienes a ser amparo, y sombra y abrigo de esta nación mexicana por ser la semejanza de nuestro dios Huitzilopuchtli, por cuya causa se te da el mando y la alta jurisdicción. Bien sabes que no estamos en nuestra tierra, pues la que poseemos ahora es ajena y no sabemos lo que será de nosotros mañana o esotro día. Y así, considera que no vienes a descansar ni a recrearte, sino a tomar nuevo trabajo con carga tan pesada que siempre te ha de hacer trabajar, siendo esclavo de toda esta multitud que te cupo en suerte, y de toda esa otra gente comarcana, a quien has de procurar tener muy gratos y contentos, pues sabes que vivimos en sus tierras y términos, y así ceso con decir [que] seas muy bien venido tú y la reina nuestra señora a este nuestro reino». El respondió dando las gracias, recibiendo a cargo el reino, prometiendo la defensa de él y el cuidado y cuenta con las cosas necesarias a la república, después de lo cual le juraron por rey de México, prometiéndole toda la sujeción y obediencia, admitiendo en todo el jus regis. Pusiéronle luego una corona real sobre la cabeza, que casi es como la corona de la señoría de Venecia, ataviándolo en la forma que aquí está pintado, y así quedó electo el primer rey de México, que como queda referido, tenía por nombre Acamapichtli, que quiere decir «Caña en puño», porque de acatl, que es «la caña», y «maquipi», que es «cerrar la palma de la mano y empuñarla», componen Acamapichtli, que quiere decir «Empuñadura de cañas o cañas en puño», al modo que dicen en castellano lanza en puño. Otros llaman [a] este primero rey Acamapich, que es lo mismo que ese otro nombre, y para significarlo le ponen una insignia de una mano empuñada con un manojo de cañas.

[Pie de imagen no disponible en esta edición: Este es el primer rey mexicano, llamóse el rey Acamapichtli, hijo de un gran principal mexicano y de una gran señora, hija del rey de Culhuacan.]

A esta elección de Acamapich no acudieron los que se habían apartado a vivir a Tlatelulco, ni vinieron a darle la obediencia estándose quedos sin hacer caso del rey, mostrándose rebeldes y sin temor como gente ya de por sí, y aunque la parcialidad mexicana recibió gran enojo de ello, disimularon por entonces por causa que les pareció justa para después salir mejor con su intento como lo hicieron, destruyéndolos muchas veces según adelante se verá.

Comenzó pues a reinar Acamapich el año de 1318 después del nacimiento de nuestro Señor Jesucristo, siendo de edad de veinte años, en cuyo tiempo los mexicanos edificaron la ciudad de México y comenzaron a mejorarse y tener algún lustre, gozando de alguna quietud y multiplicándose en mucho número por haberse ya mezclado en trato y conversación con las demás naciones comarcanas, siendo todavía vivos algunos de los viejos de aquel largo camino y viaje que trajeron de su patria, los cuales eran señores muy principales entre ellos, con dictados y oficios de padres y amparo de aquella nación.

Cuenta la historia que la mujer de este rey era estéril, por cuya causa los grandes y principales de su reino determinaron darle sus hijas, de las cuales tuvo hijos muy valerosos y de animosos corazones, que después algunos de ellos fueron reyes, y otros capitanes y de grandes dictados. Entre estos tuvo el rey un hijo en una esclava suya llamado Izcohuatl, que después vino a ser rey por ser hombre muy generoso, y de grande valor como en su lugar se verá. Reinando Acamapich muy a contento y gusto de todos, con mucha paz y quietud, íbase multiplicando la gente mexicana y poniéndose la ciudad en muy buen orden. Lo cual visto por los tepanecas, cuya cabecera era Azcaputzalco, donde residía el primado y corte de toda esta tierra, y por esta razón los mexicanos le pagaban tributo, hicieron su junta, y llamando el rey a sus vasallos y grandes de su corte les dijo:

—«Habéis advertido, oh azcaputzalcas, cómo los mexicanos después de habernos ocupado nuestras tierras han electo rey y hecho cabeza por sí. ¿Qué os parece [que] debemos hacer? Mirad que ya que hemos disimulado con un mal, no conviene disimularnos con otro, porque quizá muertos nosotros, estos querrán sujetar a nuestros hijos y sucesores, y haciéndose nuestros señores, pretenderán que seamos sus tributarios y vasallos, porque según llevan los principios, paréceme que poco a poco se van ensalzando y ensoberbediéndose y subiéndosenos a la cabeza. Y porque no se ensalcen más, si os parece, vayan y mándenles que doblen el tributo dos tantos, en señal de reconocimiento y sujeción». A todos pareció muy bien el consejo del rey de Azcaputzalco, y poniéndolo en ejecución enviaron sus mensajeros a México para que dijesen a su mismo rey de parte del rey de Azcaputzalco, que el tributo que daban era muy poco, y así lo quería acrecentar, y que él había menester reparar y hermosear su ciudad, que juntamente con el tributo que solían dar llevasen sabinas y sauces ya crecidos para plantar en su ciudad, y asimismo hiciesen una sementera en la superficie de la laguna que se moviese como balsa, y que en ella sembrasen las semillas de que ellos usaban para su sustento, que por acá llaman maíz, chile, frijoles, y unos bledos, que se dicen huautli, calabazas, y chía, etc. Oído esto por los mexicanos comenzaron a llorar y hacer grandes extremos de tristeza. Pero aquella noche el dios Huitzilopuchtli habló a uno de sus ayos diciendo:

—«Visto he la aflicción de los mexicanos y sus lágrimas. Diles que no reciban pesadumbre, que yo los sacaré a paz y a salud de todos estos trabajos, que acepten el tributo, y di a mi hijo Acamapich tenga buen ánimo y que lleven las sabinas y sauces que les piden y hagan la balsa sobre el agua y siembren en ella todas las legumbres y cosas que les piden, que yo lo haré fácil y llano». Venida la mañana, el ayo del ídolo fuese al rey Acamapich y contóle la revelación, de lo cual recibió todo consuelo y mandó que sin ninguna dilación aceptasen el tributo y se pusiese por obra el cumplimiento de él, y así hallaron con facilidad las sabinas y sauces y llevándolos a Azcaputzalco los plantaron donde el rey de allí les mandó; y asimismo llevaron la sementera movediza como balsa encima del agua, toda sembrada con mazorca de maíz, chile, tomates, bledos, frijoles, calabazas, con muchas rosas, todo ya crecido y en sazón. Y viéndolo el rey de Azcaputzalco muy maravillado dijo a los de su corte:

—«Esto me parece, hermanos, cosa más que humana, porque cuando yo lo mandé lo tuve por imposible, y porque sepáis que en lo que os digo no me engaño, llámame acá a esos mexicanos, que quiero que entendáis que estos son favorecidos de su dios, y por esto han de venir a ser sobre todas las naciones». Llamados los mexicanos ante él, les dijo:

—«Hermanos, paréceme que todo se os hace fácil, y sois poderosos, y así mi voluntad es que cuando me traigáis el tributo a que estáis obligados, que en la sementera o balsa entre las legumbres traigáis una garza y un pato, echado cada uno sobre sus huevos, y vengan tan justos los días que en llegando acá saquen sus hijuelos, y esto se ha de hacer en todo caso, sino habéis de ser muertos». Haciéndoseles muy difícil a los mexicanos, dieron la embajada a su rey diciendo lo que el rey de Azcaputzalco mandaba, y, divulgándose por la ciudad, recibieron mucha pena, y congoja, pero confiando el rey Acamapich en su dios Huitzilopuchtli, mandó que sobre ello no se hiciese ningún sentimiento, ni se diese a entender ni se mostrase cobardía o pesadumbre, por lo cual todos en lo exterior procuraban mostrar buen ánimo en público aunque bien desconsolados en lo interior. Aquella noche quiso consolarlos su ídolo y así hablando con un ayo suyo, el más anciano y allegado le dijo:

—«Padre mío, no tengáis temor ni os espanten amenazas. Dile a mi hijo, el rey, que yo sé lo que conviene, y lo que se debe hacer, déjelo a mi cargo, haga lo que le mandan y piden, que todas esas cosas son para en pago de la sangre y vidas de sus contrarios, y entiendan que con eso compramos y ellos serán muertos y cautivos antes de muchos años. Sufran y padezcan ahora mis hijos que su tiempo les vendrá». Dio esta nueva el sacerdote viejo al rey, y con ellas él y su pueblo quedaron muy confortados con gran confianza en su dios. Al tiempo de llevar su tributo, remaneció en la balsa, sin saber ellos cómo, un pato y una garza empollando sus huevos, y caminando con ellos llegaron a Azcaputzalco, donde luego sacaron sus pollos. Cuando el rey de Azcaputzalco los vio, más admirado que nunca, confirmándose más en lo que el año pasado había dicho a sus grandes, de nuevo se los tornó a referir. Perseveraron los mexicanos en este género de tributo cincuenta años disimulando y sufriendo hasta multiplicarse y reforzarse más.

Dentro de este tiempo murió el rey Acamapichtli de edad de sesenta años, habiendo reinado cuarenta en la ciudad de México y residido en mucha quietud y paz, dejando ya su ciudad copiosa de casas, calles y acequias, con todas las cosas necesarias al concierto de una buena república, de lo cual era muy celoso y cuidadoso. Y así al tiempo de su muerte, llamó a todos sus grandes y les hizo una larga y prolija plática, encomendándoles las cosas de la república y a sus mujeres y hijos, no señalándoles ninguno de ellos por heredero del reino, sino que la república eligiese de ellos a quien le pareciese para que los gobernase, que en esto los quería dejar en toda libertad; lo cual se guardó siempre entre estas gentes, porque no reinaban los hijos de los reyes por herencia, sino por elección, como adelante se verá mejor; y amonestándoles esto, mostró gran pena de no haber podido poner la ciudad en libertad del tributo y sujeción en que Azcaputzalco la tenía puesta; y así dio fin a sus días, dejando a todos sus vasallos muy tristes y desconsolados. Hiciéronle su enterramiento y exequias lo mejor y más solemnemente que pudieron, y aunque fue con todas las ceremonias que ellos usaban, pero no con el aparato de riquezas y esclavos que después usaron, por estar en este tiempo muy pobres, y por no repetirlo muchas veces, se quedará la relación del modo de sus entierros para otro lugar donde se pueda referir mejor.

Hechas las obsequias del rey muerto, procuraron los mexicanos nuevo rey, por lo cual hicieron su cabildo y junta los señores y mucha de la gente común, donde propuso el más anciano y honrado el caso, diciendo:

—«Ya veis, mexicanos, cómo nuestro rey señor es muerto, ¿quién os parece que elijamos por rey y cabeza de esta ciudad, que tenga piedad de los viejos, de las viudas y de los huérfanos, siendo padre de esta república, pues nosotros todos somos las plumas de sus alas, las pestañas de sus ojos y las barbas de su rostro? ¿A quién os inclináis para que tenga el mando y se siente en el trono real de este reino, y nos defienda y ampare de nuestros enemigos, porque muy en breve, según el aviso de nuestro dios, nos serán menester las manos y el corazón animoso? Por tanto, ¿quién juzgáis que tendrá valor para ser esfuerzo de nuestros brazos, poniendo el pecho con libertad y sin cobardía a la defensa de nuestra ciudad y de nuestras personas, y no amengüe y abata el nombre de nuestro dios, sino que como semejanza suya le defienda ensalzando su nombre, haciendo conocer a todo el mundo que la nación mexicana tiene valor y fuerzas para sujetarlos a todos y hacerlos sus vasallos?». Habiendo propuesto el caso el anciano, todos se inclinaron a su hijo del rey muerto, llamado Huitzilopuchtli, y así le eligieron por su rey con mucho contento de todo el pueblo, que estaba todo junto acá fuera, esperando quién les cabría en suerte, y así se levantó entre toda aquella gente un rumor y vocerío, diciendo palabras equivalentes a las que suelen decir en nuestra lengua, ¡viva el rey!, etc.

Hecha la elección, los señores puestos todos en orden se fueron donde estaba el rey electo y sacándole de entre los demás hermanos y parientes suyos, le tomaron en medio, y le llevaron al trono y asiento real, donde le sentaron y pusieron la corona en la cabeza, y le untaron todo el cuerpo con la unción que acostumbraron siempre para ungir a los reyes, que ellos llamaban unción divina por ser la misma con que untaban a su dios Huitzilopuchtli, y poniéndole sus atavíos reales, uno de ellos le hizo una plática diciendo:

—«Valeroso mancebo, rey y señor nuestro, no desmayéis ni perdáis el huelgo y aliento con el nuevo cargo de ser guía de este reino, metido entre esta aspereza de cañaverales, espadañas y juncia, donde estamos debajo del amparo de nuestro dios Huitzilopuchtli, cuya semejanza eres. Bien sabes el sobresalto con que vivimos y trabajos que padecemos por estar en términos ajenos, siendo tributarios de los de Azcaputzalco; tráigotelo a la memoria, no porque entiendo lo ignoras, sino para que cobres nuevo ánimo, y no pienses que entras en este lugar a descansar, antes a trabajar, pues ves que no tenemos otra cosa que te ofrecer ni con que te regalar, sino la pobreza y miseria con que reinó tu padre, lo cual llevó y sufrió con grande ánimo y cordura». Hecha esta plática, llegaron todos a hacerle reverencia, diciendo cada uno su salutación y así quedó electo el segundo rey de México, el cual comenzó a reinar el año de 1359. fue su nombre Huitzilihuitl, como queda dicho; quiere decir «Pluma rica», porque de huitzili, que es el pájaro de la más rica pluma que hay acá, y de este nombre ihuitl que es «la pluma», componen Huitzilihuitl, que significa «Pluma de este hermoso pájaro».

[Pie de imagen no disponible en esta edición: Este es el segundo rey de los mexicanos, llamóse el rey Huitzilihuitl, que significa «Pluma del hermoso pájaro».]

Era este rey soltero cuando comenzó a reinar, y así trataron luego de casarlo, tomando su casamiento por buen medio para aliviar el gran tributo y servidumbre en que el rey de Azcaputzalco los tenía puestos, pidiéndole una de sus hijas para casar a su rey. Al fin, determinaron a ponerlo por obra, y yendo ante el rey de Azcaputzalco con su demanda, puestos ante él le dijeron:

—«Señor nuestro, aquí somos venidos ante tu grandeza postrados por tierra con toda la humildad posible a pedir y suplicarte una gran merced, porque, señor, ¿a quién hemos de acudir sino a ti, pues somos tus vasallos y siervos, y estamos esperando tus mandamientos reales, colgados de las palabras de tu boca, para cumplir todo lo que tu corazón quisiere? Y esto supuesto, ves aquí, señor, la embajada con que hemos venido de parte de tus siervos, los señores viejos y ancianos mexicanos, que tengas lástima de aquel tu siervo el rey de México, metido entre aquellas espadañas y carrizales espesos, rigiendo, gobernando y mirando por sus vasallos, que es Huitzilihuitl, el que es soltero y por casar; pedimos que dejes de la mano una de tus joyas y galanos plumajes que son tus hijas, para que vaya no a lugar ajeno, sino a su misma tierra, donde tendrá el mando de toda ella. Por tanto, señor, te suplicamos que no nos prives de lo que tanto deseamos». Habiendo estado el rey muy atento a la demanda de los mexicanos, quedó aficionado o inclinado a condescender con su ruego, y así, con mucho amor y benevolencia, les respondió:

—«Hanme convencido tanto vuestras palabras y humildad, oh mexicanos, que no sé qué os responda sino que ahí están mis hijas, para eso las tengo, y fueron criadas del Señor de lo criado, y así condescendiendo a vuestros ruegos, yo os quiero señalar a una de ellas cuyo nombre es Ayauhcihuatl, llevadla mucho de enhorabuena». Los mexicanos postrados por tierra, dieron innumerables gracias al rey, y tomando a la señora, acompañada de mucha gente de Azcaputzalco, la trajeron a México, donde fue recibida con grandes regocijos y fiestas de toda la ciudad, y llevándola a sus casas reales, le hicieron sus pláticas largas y retóricas de su buena venida, después de las cuales la casaron con su rey, haciendo las ceremonias que ellos en sus casamientos usaban, que era atar con un nudo la manta del uno y del otro en señal del vínculo del matrimonio, y otras ceremonias que adelante se dirán.

Siendo casada la hija del rey de Azcaputzalco con el de México, parió un hijo, de cuyo parto recibió gran contento y alegría toda la ciudad, y dando parte de ello al rey de Azcaputzalco recibió mucho contento, y él mismo envió el nombre que le habían de poner, echando la suerte y cuenta según sus agüeros, y el nombre fue Chimalpopoca, que quiere decir «Rodela que humea». Al tiempo que trajeron el nombre vino toda la corte e Azcaputzalco y sus tepanecas, que son [los de] Tabuca y Coyoacan, trayendo grandes presentes a la parida, y haciendo unos con otros sus ofertas y agradecimientos, que en esto son muy cumplidos; quedaron muy gratos los de la una parte y de la otra. La reina de México, viendo que era esta buena coyuntura para aliviar a sus vasallos de tanta vejación y tributo, propuso a su padre el rey de Azcaputzalco, mirase cómo tenía ya nieto mexicano, y siendo ya ella reina de aquella gente, no era justo los llevara por aquel estilo tan pesado. Quedando el rey convencido de lo que su hija le pedía, juntó a su consejo, y tratado el caso, se determinó que reservaban a los mexicanos de los tributos y servidumbre que tenían; pero que en señal de reconocimiento al señorío que sobre toda esta tierra tenía Azcaputzalco, fuesen obligados los mexicanos a dar cada año solamente dos patos y algunos peces y ranas, y otras cosillas que muy fácilmente hallaban en su laguna. Quedaron con esto los mexicanos muy aliviados y contentos. De allí a pocos años murió la reina, su protectora, quedando el niño Chimalpopoca de nueve años, de cuya muerte quedó muy desconsolada y triste toda la ciudad, temiendo no les tornasen a imponer los tributos tan pesados y servidumbre que tenían con los de Azcaputzalco; pero consolándose con la prenda que les quedaba del infante Chimalpopoca. No les duró mucho el consuelo, porque un año después de muerta la reina, murió el rey Huitzilihuitl, segundo rey de México, el cual no reinó más de trece años, y murió muy mozo, porque era de edad poco más de treinta años. Rigió y gobernó con mucha quietud y paz, siendo muy querido de todos; dejó su república muy bien ordenada con nuevas leyes, de lo cual fue muy cuidadoso, especialmente en lo que tocaban al culto de sus dioses, cosa en que sobre todo se esmeraban estos señores y reyes, teniéndose ellos por semejanza de sus ídolos y entendiendo que la honra que se hacía a los dioses se hacía a ellos. Y así, tenían por la cosa más importante el aumento de su templo y la libertad de su república, para cuyo fin, por la industria y diligencia de este rey, los mexicanos no solo se ejercitaron en hacer barcos para discurrir por toda la laguna, llevando muy adelante las pescas y cazas en ella, con que contrataban con todas las gentes comarcanas hinchiendo de provisión su ciudad, sino que también empavesaban sus barcos y canoas, ejercitándose en las cosas de la guerra por el agua, entendiendo que adelante sería menester estar diestros y prevenidos en la arte militar, para el intento que tenían siempre de libertar su ciudad por fuerza de armas, y con este designio tenían grandes trazas para ganar las voluntades a todos sus vecinos con que hacían también sus hechos, que henchían su ciudad con la gente comarcana y atraían las demás naciones, emparentando con ellas por vía de casamiento, todo ordenado al aumento de su ciudad para hacer mayor después su hecho. Y estando en este estado la república de México, y teniendo muy gratos a sus comarcanos, falleció, como queda referido, el rey Huitzilihuitl, dejando muy llorosa y desconsolada su ciudad por ser muy amado de todos, al cual hicieron sus obsequias muy solemnes a su modo.

Entraron luego los mexicanos en consulta sobre la elección del nuevo rey, llorando todavía la muerte del rey Huitzilihuitl, viendo cuán poco les había durado siéndole tan aficionados por la inclinación y deseo que en él sentían de poner en libertad la ciudad y del aumento de ella, y de procurar tierras de heredades y sementeras para el sustento de la república, sintiendo mucho que todo les venía de acarreo, pues por estar metidos en la laguna no tenían dónde poder hacer una sola sementera, estando en manos de los comarcanos atajarles el camino, y no dejarles entrar cosa de provisión, y mandar a sus vasallos no les vendiesen maíz ni frijoles, ni las demás cosas de que ellos se sustentaban y que con este cuidado y sobresalto vivían siempre todos ellos. Al fin tuvieron su consejo sobre la elección del que había de reinar, deseando que fuese tal y con los mismos propósitos y deseos que el pasado, que no solamente les asegurase su ciudad, sino también les procurase libertad, sintiéndose ya con fuerzas de ponerse en armas si fuese menester, y solo les faltaba quien los animase y industriase en ello. Después de muchos pareceres, determinaron elegir al hijo de Huitzilihuitl, llamado Chimalpopoca, que entonces era de edad de diez años, por tener propicio y descuidado al rey de Azcaputzalco cuyo nieto era, para salir después mejor en su intento, como en su lugar se dirá.

Libro I. Segunda parte

Electo por común consentimiento de todos los mexicanos a Chimalpopoca, muy contenta la ciudad, pusieron al niño en su trono real, y ungiéndole con la unción divina, le pusieron la corona con una rodela en la mano izquierda y en la otra una espada de navajas a su usanza, vestido con unas armas, según el dios que querían representar, en señal de que prometía la defensa de la ciudad y el morir por ella; eligieron a este rey así armado, porque ya entonces pretendían los mexicanos libertarse por fuerza de armas, lo cual hicieron, como luego se verá. Después de algunos años que reinaba Chimalpopoca, muy amado del rey de Azcaputzalco, su abuelo, teniendo los mexicanos por esto más entrada y familiaridad en Azcaputzalco, los señores de México persuadieron a su rey que puesto era tan amado de su abuelo, le enviase a pedir el agua de Chapultepec (que es cerro de que atrás se ha hecho mención), porque la de su laguna estaba cenagosa y no la podían beber. Envió Chimalpopoca sus mensajeros a su abuelo el rey de Azcaputzalco, el cual viendo que no perdían en ello ni era detrimento de su república, pues no se aprovechaban de ella, con sentimiento de los suyos se la dio. Los mexicanos muy alegres y contentos con el agua, comenzaron con gran cuidado y prisa a sacar céspedes de la laguna, y con ellos estacas y carrizos con otros materiales, en breve tiempo trajeron el agua a México, aunque con trabajo, porque por estar todo fundado en la laguna, y el golpe del agua que venía era grande, como el caño era de barro, se les deshacía y derrumbaba por muchas partes. Tomaron de aquí ocasión los mexicanos para provocar a enemistad a los de Azcaputzalco, deseando viniese ya todo en rompimiento para hacer lo que tanto deseaban, que era ponerse en libertad.

Tornaron a mandar sus mensajeros con este intento al rey de Azcaputzalco, haciéndole saber de parte del rey, su nieto, cómo no podían gozar de aquella agua que les había dado, porque se les desbarataba el caño que había hecho para llevarla, por ser de barro, y así les hiciese merced de darles madera, piedra, cal y estacas, y mandar a sus vasallos les fuesen a ayudar para hacer un caño de cal y canto. No le supo bien al rey ni a los de su corte la embajada, porque les pareció muy atrevida y osada para Azcaputzalco, siendo el supremo lugar a quien reconocía toda la tierra, y aunque el rey quisiera disimular por amor del nieto, los de su corte se encolerizaron tanto, que con mucha libertad le respondieron diciendo:

—«Señor y rey nuestro, ¿qué piensa tu nieto y los demás de su consejo? ¿Entienden que hemos de ser aquí sus vasallos y criados? ¿No basta que aposentados y admitidos en nuestras tierras, hayamos consentido funden y habiten su ciudad, dándoles el agua que nos pidieron, sino que ahora quieren tan sin vergüenza y miramiento de tu real corona, que tú y todos les vamos a servir y edificarles caño por donde vaya el agua? No queremos ni es nuestra voluntad y, sobre ello, perderemos todos las vidas, y hemos de ver qué es lo que les dé atrevimiento para tan gran desvergüenza y osadía como ésta». Dicho esto se apartaron de la presencia del rey, y tuvieron entre sí una consulta hallándose en ella los señores de Tacuba y Coyoacan que era toda la congregación tepaneca poco aficionada a la nación mexicana, donde determinaron no solo no darles lo que pedían, sino de ir luego a quitarles el agua que les habían dado, y como a gente de tantos bríos destruirlos y acabarlos, sin que quedase hombre de ellos ni lugar que se llamase México. Con esta determinación comenzaron a incitar a la gente del pueblo y a ponerla en armas e indignación contra los mexicanos, diciéndoles cómo los querían avasallar y hacerles sus tributarios, para servirse de ellos, y para más manifestar el enojo que ellos tenían y que la guerra se efectuase, dieron pregón en su ciudad que ninguno fuese osado del tratar ni contratar en México ni meter bastimentos ni otras cosas de mercaderías so pena de la vida; y para ejecución de esto pusieron guardas por todos los caminos para que ni los de la ciudad de México entrasen en Azcaputzalco ni los de Azcaputzalco en México, vedándoles el monte que entonces les era franco; finalmente, todo el trato y comercio que con los tepanecas tenían.

Viendo el rey de Azcaputzalco los suyos tan alborotados y que se determinaron a matar a los mexicanos haciéndoles guerra, quiso mucho estorbarlo; pero viendo que era cosa imposible, rogó a sus vasallos que antes que ejecutasen su ira le hurtasen al rey de México, su nieto, para que no padeciese con los demás. Algunos estuvieron de este parecer, excepto los señores ancianos que dijeron no convenía; porque aunque venía de casta de tepanecas, que era por vía de mujer el parentesco, y de parte del padre era hijo de los mexicanos, a cuya parte se inclinaría siempre más, y por esta causa, al primero que habían de procurar matar era al rey de México. Lo cual oído por el rey de Azcaputzalco recibió tan gran pena que de ella adoleció y murió, con cuya muerte los tepanecas se confirmaron más en su mal propósito, y así concertaron entre sí de matar al rey Chimalpopoca por el gran perjuicio que de ello a los mexicanos se seguiría, y para esto, y para perpetuar más la enemistad, usaron de una traición muy grande, y fue que una noche estando todos en silencio entraron los tepanecas en el palacio real de México, donde hallaron toda la guarda descuidada, y durmiendo, y tomando al rey descuidado lo mataron y se volvieron los homicidas sin ser sentidos. Acudiendo los mexicanos por la mañana a saludar a su rey (como ellos acostumbraban) halláronlo muerto y con grandes heridas. Causó esta desastrosa muerte en los mexicanos tanto alboroto y llanto, que luego, ciegos de ira, se hicieron todos en arma para vengar la muerte de su rey, pero sosególos y aplacólos un señor de ellos diciéndoles:

—«Sosegaos y aquietad vuestros corazones, oh mexicanos, mirad que las cosas sin consideración no van bien ordenadas, reprimid la pena considerando que aunque vuestro rey es muerto, no se acabó en él la generación y descendencia de los grandes señores; que hijos tenemos de los reyes pasados que sucedan en el reino con cuyo amparo haréis mejor lo que pretendéis que ahora. ¿Qué caudillo o que cabeza tenéis, para que en vuestra determinación os guíe? No vayáis tan a ciegas, reportad vuestros animosos corazones, y elegid primero rey y señor que os guíe, esfuerce y anime y os sea amparo contra vuestros enemigos, y mientras esto se hace, disimulad con cordura, haced las obsequias a vuestro señor y rey ya muerto, que presente tenéis, que después habrá mejor coyuntura y lugar para la venganza». Reportándose con estas palabras los mexicanos, disimularon por entonces e hicieron las obsequias y oficios funerales a su rey según su uso y costumbre, y para ello convidaron a todos los grandes de Tezcuco y Culhuacan, a quienes contaron la maldad y traición que los tepanecas habían usado con su rey, lo cual dio en rostro a todos y pareció muy mal. Después de muchas pláticas dijeron los mexicanos a todos estos señores que habían convidado, que les rogaban que se estuviesen pacíficos y no les fuesen contrarios, ni ayudasen ni favoreciesen a los tepanecas, que tampoco ellos querían ni su favor ni su ayuda sino sola de su dios y la del señor de lo criado y la fuerza de sus brazos y ánimo de su corazón, y que determinaban morir o vengar su injuria, destruyendo a los de Azcaputzalco. Los señores comarcanos les prometieron no serles contrarios en cosa ninguna, ni dar favor ni ayuda contra ellos, y que pues los de Azcaputzalco les habían cerrado el camino vedándoles todo trato y contrato en su ciudad y los montes y agua, que ellos daban sus ciudades libres todo el tiempo que durase la guerra, para que sus mujeres y hijos fuesen y tratasen por agua y por tierra, y proveyesen su ciudad de todos los bastimentos necesarios. Lo cual los mexicanos agradecieron muy mucho con muchas muestras de humildad, rogándoles se hallasen presentes a la elección del nuevo rey que querían elegir; y ellos, condescendiendo en su ruego, se quedaron.

Hicieron luego los mexicanos su junta y congregación para elegir nuevo rey, comenzando uno de los más ancianos con la oración que en tales elecciones se usaba, que entre esta gente hubo siempre grandes oradores y retóricos, que a cualquier negocio y junta oraban y hacían largas pláticas llenas de elocuencia y metáforas delicadísimas, con muy sabias y profundas sentencias, como consideran y afirman los que entienden bien esta lengua, porque después de muchos años que la deprenden con cuidado siempre hallan cosas nuevas que deprender, y se podrá inferir bien cuán excelente era el estilo y lenguaje por la oración que hizo un anciano de ellos en esta elección, y [por] algunas [otras] que en adelante se pondrán. Puesto, pues, delante de todos, el retórico viejo comenzó su oración en esta forma:

—«Fáltaos, oh mexicanos, la lumbre de vuestros ojos, aunque no la del corazón, porque dado que habéis perdido el que era luz y guía en esta república mexicana, quedó la del corazón para considerar que si mataron a uno quedan otros que puedan suplir muy aventajadamente la falta que aquél nos hace. No feneció aquí la nobleza de México, ni se aniquiló la sangre real, volved los ojos y mirad alrededor, y veréis en torno de vosotros la nobleza mexicana puesta en orden, no uno ni dos, sino muchos y muy excelentes príncipes, hijos de Acamapichtli, nuestro legítimo y verdadero señor. Aquí podréis escoger a vuestra voluntad, diciendo este quiero y ese otro no quiero, que si perdisteis padre aquí hallaréis padre y madre. Haced cuenta, oh mexicanos, que por breve tiempo se eclipsó el Sol y se oscureció México con la muerte de vuestro rey; salga luego el Sol [al] elegid otro rey. Mirad a dónde echáis los ojos y a quién se inclina y apetece vuestro corazón, que ese es el que elige vuestro dios Huitzilopochtli». Y dilatando más la plática, concluyó con mucho gusto y contento de todos. Salió de esta consulta electo por rey de México Itzcohuatl, que quiere decir culebra de navajas, el cual, como queda dicho en otro lugar, era hijo natural del rey Acamapichtli, habido en una esclava suya. Eligiéronle por rey, aunque no era legítimo, porque en costumbres, valor y esfuerzo era el más aventajado de todos. Mostraron gran contento y regocijo con esta elección todos, en especial los de Tezcuco, porque su rey estaba casado con una hermana de Itzcohuatl, a quien luego asentaron y coronaron en su trono real con todas sus ceremonias acostumbradas.

Puesto ya en su asiento real, uno de los oradores, vuelto a él con gran reverencia, le habló de esta suerte:

—«Hijo y señor y rey nuestro, ten ánimo valeroso y está con fortaleza. No desmaye tu corazón ni pierda el brío necesario para el primado y cargo real que te han encomendado, porque si siendo nuestra cabeza desmayas, ¿quién pensáis que ha de venir a ponerte esfuerzo y ánimo para lo que conviene al gobierno y defensa de tu reino y república? ¿Piensas por ventura que han de resucitar aquellos valerosos varones, tus antepasados padre y abuelo? Ya, poderoso rey, esos pasaron, y no queda sino la sombra de su memoria, y la de sus valerosos corazones y la fuerza de sus brazos y pecho con que hicieron rostro a las aflicciones y trabajos; ya a ellos los escondió el poderoso señor de lo criado. Por tanto, mira que ahora estamos todos pendientes de ti. ¿Has, por ventura, de dejar caer y perder tu república? ¿Has de dejar deslizar de tus hombros la carga que te han puesto encima de ellos? ¿Has de dejar perecer al viejo y a la vieja, al huérfano y a la viuda, valeroso príncipe? ¿De qué perdéis el anhélito y aliento? Mirad que nos velan ya esas otras naciones, y menospreciándonos hacen escarnio de nosotros. Ya, señor, comienza a descoger y extender el manto para tomar a cuestas a tus hijos, que son los pobres y gente popular, que están confiando en la sombra de tu manto y frescor de tu benignidad. Está la ciudad de México Tenochtitlan muy alegre y ufana con tu amparo. Hizo cuenta que estaba viuda; pero ya resucitó nuevo esposo y marido, que vuelva por ella y le dé el sustento y amparo necesario. Hijo mío, no temas el trabajo y carga ni te entristezcas,

que el dios cuya figura y semejanza representáis, será en tu favor y ayuda».
Acabado el razonamiento le dieron todos sus vasallos el parabién, y los señores forasteros haciendo lo mismo, se despidieron de él.

Este es el cuarto rey de México llamado Itzcohuatl, que quiere decir Culebra de navajas, fue hijo del rey Acamapichtli, habido en una esclava suya, hombre valeroso.

Cuando Itzcohuatl comenzó a reinar, que fue el año de 1424, ya los tepanecas tenían muy declarada la enemistad contra los mexicanos, en tanto grado, que no había otro remedio sino tomar las armas y venir a las manos. Y así, el rey nuevo luego comenzó a entablar las cosas de la guerra y proveer en las cosas necesarias para ella, porque los de Azcaputzalco se daban mucha prisa para destruirlos. Acudiendo la gente común, considerando que eran muy pocos y mal ejercitados en la guerra, y los tepanecas muchos y gente belicosa y esforzada [y] teniendo por imposible la victoria, comenzaron a desmayar y a mostrar gran pusilanimidad, pidiendo con lágrimas a su rey y a los demás señores la paz, cosa que causó mucha pena y desmayo al rey y a sus nobles. Preguntándoles qué era lo que querían, respondieron que el rey nuevo de Azcaputzalco era hombre piadoso y, así, eran de parecer que tomasen a su dios Huitzilopochtli, y se fuesen a Azcaputzalco a ponerse todos con mucha humildad en las manos del rey, para que hiciesen de ellos lo que fuese su voluntad, y quizá los perdonaría y daría en Azcaputzalco lugar donde viviesen y los entretejerían entre los vecinos, que casi se ofrecían por esclavos de los de Azcaputzalco, cosa que a ninguno de los que tenían algún ánimo les pareció bien. Pero con todo eso, algunos de los señores dijeron que no era mal medio [y] autorizaron tanto el parecer del vulgo, que ya todos condescendían con él, y así comenzaron a poner por obra, porque llamados los ayos de Huitzilopuchtli, les mandaron se apercibiesen para llevar en hombros a su dios. Estando ya ocupados los mexicanos para su ida a Azcaputzalco, se descubrió con aquella ocasión un valeroso mancebo llamado Tlacaellel, sobrino del rey Itzcohuatl, el cual fue después príncipe de los ejércitos, y el más valeroso y valiente y de mejor parecer y consejo en las cosas de guerra que jamás se ha hallado en toda la nación mexicana, como en todo lo que se sigue se verá. Este salió entonces entre ellos y dijo:

—«¿Qué es esto, mexicanos, qué hacéis vosotros, estáis sin juicio? Aguardad, estaos, dejadnos tomar más acuerdo sobre este negocio. ¿Cómo tanta cobardía ha de haber que nos habemos de ir a rendir así a los de Azcaputzalco?» Y llegándose al rey le dijo:
—«Señor, ¿qué es esto? ¿Cómo permites tal cosa? Habla a ese pueblo, búsquese un medio para nuestra defensa y honor, y no nos ofrezcamos así tan afrentosamente en manos de nuestros enemigos». Entonces el rey volviéndose a la gente que presente estaba, les dijo:
—«¿Todavía os determináis de iros a Azcaputzalco? Cosa de gran bajeza me parece. Quiero dar un corte que sea más a nuestro honor, y no como el que vosotros queréis dar con tanta deshonra. Aquí estáis todos de valor y estima, ¿quién de vosotros será osado ir ante el rey de Azcaputzalco a saber la determinación suya y de su gente? Si es ya cosa irrevocable que hemos de morir, y nos han de destruir. Levántese uno de vosotros y vaya». Viendo que no acudía ninguno, comenzó a decir:
—«Perded, mexicanos, el miedo, ¿qué es esto?» Mas por muchas veces que los persuadió, ninguno hubo entre ellos que osase ir, porque temían ser luego muertos, según estaban de apercibidos los enemigos. Viendo Tlacaellel que ninguno se atrevía, dijo en alta voz con ánimo valeroso:
—«Señor y rey nuestro, no desfallezca tu corazón, ni pierdas el ánimo. Aquí están presentes estos señores, hermanos y parientes míos y tuyos, y pues ninguno da respuesta a lo que les ruegas, mirándose unos a otros, digo que yo me ofrezco a ir y llevar tu embajada donde fueres servido, sin temor de la muerte y con la voluntad que fuera, si entendiera que había de vivir perpetuamente, con esa misma voy ahora. Porque supuesto que tengo de morir, hace muy poco al caso que sea hoy o que sea mañana, y así, ¿para cuándo me he de guardar? ¿Dónde mejor me puedo emplear que ahora? ¿Dónde moriré con más honra que en defensa de mi patria? Por tanto, señor, yo quiero ir».
El rey Itzcohuatl le respondió:
—«Mucho me huelgo, sobrino mío, de tu animoso corazón y determinación, en pago de la cual yo te prometo hacerte uno de los grandes de mi reino con otras muchas mercedes, y si murieres en esta demanda, cumplirlo en tus hijos, para que de ti quede perpetua memoria y de un hecho como éste,

pues vas a morir por la patria y por la honra de los mexicanos». A ninguno pareció bien el atrevimiento de Atlacaellel, juzgándolo temeridad, porque iba en manifiesto peligro de la vida; pero considerando el rey que en aventurar la vida de uno y asegurar la de todos, importaba más a su reino, aunque le pesaba, le mandó que fuese. Apercibiéndose el animoso Atlacaellel lo mejor que pudo, partió de la ciudad de México y con gran osadía llegó adonde estaban las guardas de Azcaputzalco, donde halló solo un rodelero y otros sin armas que con él estaban, los cuales le dijeron:

—«¿Qué buena venida es ésta? ¿No eres tú Tlacaellel, sobrino de Itzcohuatl, rey de México?» Él respondió que sí. Dijeron luego ellos:

—«¿Pues a dónde vas? ¿No sabes, señor, que nos han mandado expresamente que no dejemos entrar a persona nacida de los mexicanos en la ciudad, sino que los matemos?» Él les respondió:

—«Yo sé lo que se os ha mandado, mas ya sabéis que los mensajeros no tienen culpa. Yo soy enviado a hablar a vuestro rey de parte del de México y de la demás gente y señores. Así, os ruego me dejéis pasar, que yo os prometo de volver por aquí, y si entonces me quisiéredes de matar, me pondré en vuestras manos. Dejadme hacer mi embajada, que yo os aseguro [que] por ello no recibáis pesadumbre alguna». Al fin supo persuadir tan bien a las guardas que le dejaron entrar y fuese adonde estaba el rey, y puesto ante él le hizo su acatamiento debido. El rey como le vido y conoció, admiróse y preguntóle:

—«¿Cómo has entrado en la ciudad, que no te han muerto las guardas de ella?» Él le contó todo lo que había pasado y queriendo saber el rey a qué era su venida, propúsole Atlacaellel su embajada, persudiéndole con la paz, rogándole que tuviese lástima de la ciudad de México, de los viejos y niños, finalmente, mostrándole todos los daños que por la guerra sucederían, le suplicó que aplacase el enojo de los señores y principales, pues ellos querían servirle como hasta allí. Quedando el rey muy persuadido e inclinado con las palabras de Atlacaellel, le dijo que se fuese enhorabuena, que él hablaría a los grandes de su corte, y daría medio con que se les aplacase la ira, y que si no viniesen en ello, entendiese no podía más ni era en su mano. El animoso mancebo le preguntó cuándo quería [que] volviese por la respuesta, el rey le respondió que otro día. Él le pidió seguridad para las guardas, porque no le matasen, pues era mensajero. El rey le dijo que la seguridad que le podía dar era su buena diligencia a mirar por su persona. Viendo Atlacaellel lo poco que el rey podía en aquel caso, despidiéndose de él dio la vuelta a su ciudad. Llegando a las guardas halló más aparatos de guerra y gente apercibida, y llegado a ellos los saludó y dijo:

—«Hermanos míos, yo vengo de hablar a vuestro rey y traigo respuesta para el mío. Si sois servidos dejarme pasar, agradecéroslo he, porque supuesto que trato la paz y no engaño a ninguno, no hay razón para que yo reciba daño ninguno, y demás de esto he de volver luego por la respuesta y resolución de este negocio. Que me matéis hoy o mañana, poco va a decir ello. Yo os empeño mi palabra de venirme a poner en vuestras manos». Los guardas con este buen término, le dieron lugar a que saliese y cuando Atlacaellel llegó a la ciudad de México sin lesión, el rey y toda la ciudad recibieron gran contento. Contándoles lo que le había pasado, dijo que era forzoso volver otro día por la resolución del negocio, y así el día siguiente por la mañana fue a pedir licencia a su rey para ir a concluir su negocio, el cual le dijo:

—«Sobrino mío, agradézcote el cuidado y diligencia que pones en este caso, donde pones tu vida a riesgo. Lo que has de hacer es decir al rey de Azcaputzalco, de mi parte, que si están ya determinados en dejarnos de su mano y desampararnos, o si nos quieren tornar a admitir en su amistad y gracia. Si te respondiese que no hay remedio, sino que nos ha de destruir, toma esta unción con que ungimos los muertos, y úntale con ella todo el cuerpo y emplúmale la cabeza como hacemos a los muertos, en señal de que ha de morir, y dale esta rodela y espada y estas flechas doradas que son insignias de señor, y dile que se guarde y mire por sí, porque hemos de hacer todo nuestro poder por destruirlo». Partió Atlacaellel con todo aquel aderezo a la ciudad de Azcaputzalco, donde los guardas le dejaron entrar, teniéndole por hombre de su palabra, siendo su intento tomarle dentro de la ciudad y matarle a la vuelta. Llegado Atlacaellel ante el rey, le propuso su embajada, el cual le respondió:

—«Hijo, ¿qué quieres que te diga? que aunque soy rey, los de mi reino quieren daros guerra. ¿Qué les puedo yo hacer? Porque si nuestra voluntad es estorbarla, pongo mi vida a riesgo y la de todos mis hijos. Están muy enojados y furiosos contra vosotros, y piden que seáis destruidos». Entonces le dijo Atlacaellel con grande ánimo:

—«Pues, señor, tu siervo el rey de México te envía a esforzar y dice que tengas ánimo. Yo os fuerzo a que te apercibas, porque desde ahora te desafía a ti y a tu gente, y se da por tu mortal enemigo, y o vosotros o él y los suyos han de quedar muertos en el campo y por perpetuos esclavos. A ti te pesará haber comenzado [una] cosa con [la] que no has de salir. También me mandó te ungiese con esta unción de muertos, para que te aparejes a morir». Y dándole las demás insignias, el rey se permitió ungir y armar de mano de Atlacaellel. Lo cual hecho, le dijo el rey que diese las gracias a Itzcohuatl. Queriéndose despedir de él Atlacaellel, le detuvo diciendo:

—«Hijo Atlacaellel, no salgas por la puerta de la calle, porque te están esperando para matarte. Yo he mandado hacer un portillo a las espaldas de mi casa, por donde puedes salir e ir seguro a tu ciudad, y porque no vayas sin que te haga mercedes por la amistad que has mostrado y señales de valeroso, toma estas armas y esta rodela y espada con que te defiendas». Rindiendo las gracias, Tlacaellel salió por el portillo que le habían hecho, y escondido por sendas secretas, vino hasta dejar las guardas atrás. Ya que se vido en términos de México, mostróse a los centinelas y díjoles:

—«Ah tepanecas, [de] Azcaputzalco, qué mal hacéis vuestro oficio de guardar vuestra ciudad. Aparejaos, que no ha de haber Azcaputzalco en el mundo, porque no ha de quedar en él piedra sobre piedra, ni hombre ni mujer, que todos pereceréis. Por eso, apercibíos que de parte del rey de México, Itzcohuatl, y de la ciudad, os desafío a todos». Oyendo los centinelas lo que Atlacaellel les decía, espantados de ver hubiese salido sin que le viesen, arremetieron a él para matarle, mas él, haciendo rostro a todos antes que se le desenvolviesen, mató algunos de ellos, y viendo que se juntaba gente, se fue retirando con ánimo valeroso hasta la entrada de su ciudad, donde le dejaron.

Llegando Atlacaellel a México, dio noticia al rey de todo lo que había acontecido y cómo dejaba hecho el desafío con todos de modo que no se podía excusar la batalla. Oyendo esto, la gente común comenzó a hacer lástimas y a mostrar su ordinaria cobardía, pidiendo al rey y a los señores

los dejasen salir de la ciudad. Consolándolos los señores, el rey en persona les dijo:
—«No temáis, hijos míos, que aquí os pondremos en libertad sin que os haga mal ninguno». Ellos respondieron:
—«Y si no saliéredes con la victoria, ¿qué será de nosotros?» Respondió el rey:
—«Si no saliéremos con nuestro intento nos pondremos en vuestras manos para que nuestras carnes sean mantenimiento vuestro, y allí os venguéis de nosotros y nos comáis en tiestos quebrados y sucios para que en todo seamos infamemente tratados». Respondieron ellos:
—«Pues mirad que así lo habemos de hacer y cumplir, pues vosotros mismos os dais la sentencia, y si saliéredes con la victoria, nosotros nos obligamos a serviros y tributaros y ser vuestros terrazgueros, y edificar vuestras casas, sirviéndoos en todo padres e hijos, como a verdaderos señores nuestros. Y cuando fuéredes a las guerras prometemos llevar vuestras cargas y bastimentos y armas a cuestas serviéndoos por todos los caminos por donde quiera que fuéredes. Finalmente, vendemos y sujetamos nuestras personas y bienes en vuestro servicio para siempre». El rey y sus principales viendo a lo que se ofrecía y obligaba la gente común, admitieron el concierto y tomándoles juramento de cumplirlo lo juraron todos.

Hechos los conciertos de unos y otros mandó el rey a Atlacaellel que luego apercibiese la gente y la pusiese en orden, lo cual fue hecho con toda diligencia, dando las capitanías a los hijos de los reyes pasados, hermanos y deudos muy cercanos del rey Itzcohuatl. Puestos en sus escuadrones y ordenanza, hizo el rey un razonamiento a todo el ejército, esforzándolos a morir o vencer, poniéndoles por delante el noble origen y valor de la gente mexicana, y que mirasen que aquel era el primer combate y muy buena ocasión para salir con honra y hacer temer y temblar las demás naciones. Que nadie desmayase, pues la mucha gente de los tepanecas, que llegaban hasta los montes, no hacían nada al caso, sino el ánimo varonil. Mandóles expresamente que cada uno siguiese a su capitán, acudiendo todos adonde viesen que había más necesidad, y que ninguno echase pie delante sino mandado. Y con esto comenzaron a marchar hacia Azcaputzalco con mucho orden y concierto adonde iban [con ellos] su rey y el valeroso Atlacaellel por general de todo el ejército. Yéndose acercando, los de Azcaputzalco los divisaron y salieron al encuentro con muy buen orden, llenos de grandes riquezas, oro, plata, joyas y plumajería, ricas divisas de rodelas y armas, como gente poderosa [que era], que entonces tenía el imperio de toda esta tierra. Los mexicanos aunque pobres de atavíos, pero llenos de ánimo y esfuerzo con la industria y valor de su general, viéndolos se fueron a ellos con gran brío. Antes de acometer, el valeroso Atlacaellel mandó a los capitanes, señores y mancebos que mostraban más osadía y deseo de la guerra que, puestos en ala, acometiesen a los enemigos oída la señal, y que la demás gente común y soldados de menos esfuerzo se estuviesen quedos, a los cuales el rey tuviese a punto para su tiempo, y que si los enemigos fuesen de vencida no saliesen de su ordenanza sino que juntos siempre fueran entrando en la ciudad de Azcaputzalco. Dicho esto, ya los enemigos estaban bien cerca, y ellos se pusieron en ala, como Tlacaellel lo había ordenado. El rey Itzcohuatl tocó un pequeño atambor que traía colgado a las espaldas y, en dando esta señal, alzaron los del ejército mexicano tan gran vocería y silbos, que pusieron gran temor a la gente contraria. Y arremetiendo con coraje y ánimo invencible se mezclaron con los de Azcaputzalco y, como desesperados, hirieron a diestro y siniestro, sin orden ni concierto, comenzaron a apellidar

—«¡México, México!» y de tal suerte alborotaron a los de Azcaputzalco, que comenzaron a perder el orden que traían y [a] desbaratarse, cayendo mucha gente de la común muerta, dándose los mexicanos gran prisa y maña a herir y matar, siempre con igual ánimo y fuerza. Comenzaron a retirarse los de Azcaputzalco a su ciudad y los mexicanos a seguirlos, ganándoles tierra. Los mexicanos con temor que no habían acometido, viendo [a] su gente prevalecer salieron con grande ánimo a los enemigos. Viendo esto, el rey mexicano fue cebando de gente sus escuadrones y lo mismo hacía el de Azcaputzalco; pero estaban tan animados los mexicanos que no pudiendo resistirlos los de Azcaputzalco, desampararon el campo, metiéndose en su ciudad. El animoso Atlacaellel, general en el ejército mexicano, comenzó [a decir] a grandes voces «¡victoria, victoria!», entrando tras ellos [y] matando e hiriendo sin ninguna piedad. Entonces, el rey Itzcohuatl mandó al resto que había quedado con él [que] asolasen la ciudad, quemasen las casas, y robasen y saqueasen todo lo que en ellas hallasen, no perdonando hombre ni mujer, niños ni viejos. Lo cual fue ejecutado sin ninguna piedad ni lástima, no dejando cosa enhiesta ni persona a vida, sino los que huyendo se habían acogido a los montes, a los cuales no perdonaron los mexicanos, porque los fueron siguiendo como leones encarnizados, llenos de furor e ira, hasta meterlos en lo más áspero de las sierras, donde los de Azcaputzalco, postrados por tierra, rindieron las armas, prometiendo darles tierras y labrarles casas y sementeras, siendo sus perpetuos tributarios, y, asimismo, darles piedra, cal y madera para los edificios y todo lo necesario de semillas y legumbres para sus sustento. Teniendo lástima de ellos, el general Atlacaellel mandó cesar el alcance y recoger su gente y, haciendo jurar a los de Azcaputzalco que cumplirían todo lo que prometían, se volvieron los mexicanos, victoriosos y alegres, a su ciudad con muchas riquezas y despojos que hallaron en Azcaputzalco, Porque como era la corte estaba allí toda la riqueza de la nación tepanecana.

[Batalla grande que tuvo el rey Tlacaellel (sic) con los de Azcaputzalco, que los mató a casi todos y los saqueó de grandes riquezas que tenían por ser la corte de los Tepanecas.]

El día siguiente el rey Itzcohuatl de México mandó juntar a todos sus principales y les dijo que se acordasen cómo la gente común se había obligado a perpetua servidumbre si salían con la victoria y así sería bien llamarlos y amonestarlos que habían de cumplir lo prometido. Juntada toda la gente común, les propusieron el caso y ellos respondieron que pues lo habían prometido y los señores y principales con tanto esfuerzo y valor lo habían merecido, que no tenían réplica sino que ellos lo harían y cumplirían y allí lo juraron de nuevo, obligándose en todo lo que ya queda referido, lo cual han guardado perpetuamente. Luego fueron a la ciudad de Azcaputzalco, donde repartieron entre sí las tierras de la ciudad, dando primero lo más y mejor a la corona real, y luego al capitán general Tlacaellel, y luego a todos los demás señores y principales de México, a cada uno según se había señalado en la guerra. A la gente común no dieron tierras, solo a algunos que mostraron algún esfuerzo y ánimo, a los demás echáronlos por ahí denostándolos como a gente cobarde y de poco ánimo, que no poco hizo al caso para lo de adelante. También dieron tierras a los barrios para que lo que de ellas cogiesen lo empleasen en el ornato y culto de sus dioses y templos. Y este estilo guardaron siempre en todas las particiones de tierras que ganaron y conquistaron. Quedaron entonces los de Azcaputzalco tan estrechos y necesitados de tierras que apenas tenían donde hacer una sementera. Hecha la partición, el rey de México hizo llamar a los de Azcaputzalco e imponiéndoles el tributo y servicio personal a que se habían obligado cuando los rindieron, mandó por público edicto que desde aquel día no hubiese rey en Azcaputzalco, sino que todos reconociesen al rey de México, so pena de tornarlos a destruir si a otro rey reconociesen ni apellidasen. Y así quedó Itzcohuatl por rey de Azcaputzalco y de México desde aquel día.

Los de Coyoacan, segunda ciudad de los tepanecas, viendo su corte destruida y tributaria, enviaron a decir a los de Azcaputzalco la gran pena que de su pérdida e infortunio tenían, ofreciéndoles sus personas y cuanto fuese menester para restaurar y vengar el mal que los mexicanos les habían hecho; los de Azcaputzalco se lo agradecieron y respondieron que no era tiempo de aquello, que les dejasen llorar su desventura y desastrada pérdida, la cual en muchos años no podrían restaurar. Oída la respuesta, los de Coyoacan, llenos de ira y rabia con igual temor, dijeron:

—«No nos traten los mexicanos de esta suerte, y tomándonos nuestras tierras nos hagan sus tributarios; pongámonos en defensa antes que, movidos ellos con su presunción y buen suceso, nos acometan». En lo cual se engañaron, pues no tenían tal pensamiento los mexicanos por ser como era una gente tan noble que nunca jamás se inquietaron ni dieron guerra sin ser justamente provocados, como adelante se dirá.

Andaban los tepanecas de Coyoacan muy inquietos y rabiosos por destruir los mexicanos, y así la gran pasión les cegó a quererles dar guerra. Comenzaron luego a usar de malos términos con los mexicanos para provocarlos, saliendo a los caminos, robando y maltratando con palabras injuriosas a las mujeres mexicanas que iban a los mercados de Coyoacan, lo cual sufrió el rey de México por muchas veces, hasta que vio que se desvergonzaban ya mucho; entonces mandó que ninguna mexicana fuese a los mercados de Coyoacan, ni entrase ni tratase en aquella ciudad so pena de la vida. Viendo los de Coyoacan que no iba la gente mexicana a los mercados como solían, temieron mucho, entendiendo que ya los mexicanos estaban avisados, por donde creían que pronto les darían guerra, por cuya causa comenzaron a poner en orden y aprestar sus gentes, amonestándoles que se esforzasen y mirasen que no habían de pelear con quien quiera, sino con los mexicanos, gente belicosa, fuerte y astuta. Y creciéndoles más el temor, intentaron provocar a todos los reyes comarcanos contra la nación mexicana, enviando sus mensajeros a proponerles muchas falsedades y maldades para que se hiciesen a una con ellos y destruyesen a los mexicanos; pero ninguno de los reyes quiso acudir ni oír a los de Coyoacan, antes los reprendían de gente sin razón y temeraria, porque estaban ya los mexicanos en grande opinión después que sujetaron a Azcaputzalco, que era el primado de toda esta tierra. Quedaron los tepanecas de Coyoacan muy acobardados; pero el señor de ellos, viéndolos acobardados y tristes les dijo:

—«Tepanecas, ya aquí no hay que rehusar, ¿por ventura hémonos de esconder? Ya tenemos enojados a los mexicanos, no podemos hacer otra cosa sino morir o vencer. Por eso, esforzaos, que este es el postrer remedio, y paréceme que conviene entiendan que no les tememos; y para esto les hagamos alguna burla». Para esto, trataron algunos que convidasen a los mexicanos, y que en el convite los tomasen descuidados y los matasen a todos. A lo cual respondió el señor de Coyoacan, que aquello era muy gran traición y de hombres viles y apocados, y que no se había de pensar tal maldad y traición de ellos, porque serían tenidos por cobardes, y los afrentarían las demás naciones; que él daría otro medio más a su honra, y con que fuesen temidos de los mexicanos; que los convidasen, que a su tiempo lo diría, y que en el interior se pertrechasen y estuviesen todos aderezados y apercibidos. Llegada la solemnidad de una de las fiestas que los tepanecas celebraban, convidaron a ella a los mexicanos, los cuales aceptaron el convite, y vinieron sin temor ninguno los principales solos. Antes de salir de México, el valeroso Atlacaellel, que iba con ellos dijo, al rey Itzcohuatl:

—«Señor, no queremos que tú vayas a este convite, porque no es justo que tengas tu persona real en tan poco que vayas al llamado de un señor particular. Sería envilecer tu persona real y la grandeza de tu majestad y reino de México, y también porque no sabemos a qué fin se endereza este convite al cual no iremos tan descuidados, que no vamos sobre aviso de lo que convenga a la defensa de nuestras personas, para si quisieran intentar alguna traición». Al rey le pareció muy bien el consejo de Tlacaellel, y así se quedó en la ciudad y fueron los principales.

Llegados que fueron a Coyoacan, hallaron al señor de él y a todos los principales, [y] con grandes cumplimientos les ofrecieron sus dones (cosas que en su ciudad se criaban: peces, ranas, patos y legumbres, todo en cantidad), de lo cual el señor y principales de Coyoacan mostraron mucho contento y placer, haciéndoles falsamente todas las caricias que pudieron, aposentándolos en las casas principales del pueblo, donde luego sacaron el atambor a son del cual hicieron delante de ellos el baile y canto acostumbrado. Después de haber bailado les dieron una muy buena comida de diversas viandas de mucha estima. Después de comer, en lugar de las rosas y otras cosas olorosas que suelen dar a los convidados, el señor de Coyoacan envió a cada uno de los principales de México unas ropas y atavíos de mujer, y poniéndoselos delante los mensajeros, les dijeron:

—«Señores, nuestro señor manda que os vistamos de las ropas mujeriles, porque hombres que tantos días aquí los hemos incitado y provocado a la guerra, están tan descuidados». Ellos no pudiendo por entonces hacer menos, se dejaron vestir, y en vistiéndoselas los enviaron a su ciudad vestidos con aquellas ropas afrentosas de mujeres, y así se presentaron delante del rey de México contándole todo lo que había pasado. El rey les consoló diciéndoles que aquella afrenta había de resultar en más honor suyo, que no tuviesen pena porque él había de hacer venganza muy en breve con muerte y destrucción de todos ellos, «y así se declare a esos tepanecas mortal enemistad, cerrándoles los caminos y poniéndoles guardas para que nadie de ellos pase a nuestra ciudad sin que sea luego muerto. Y pues ellos nos han hecho esta burla, bien será que antes de la guerra la paguen con otra peor: Ya sabéis cuán golosos son de las viandas que se dan en nuestra laguna, [pues bien], lleven los guardas [a Coyoacan] patos, ánsares, pescados y todo género de cosas que se crían en nuestra laguna, que ellos no alcanzan y desean mucho, y allí, a sus puertas, asen, tuesten y cuezan de todo esto para que, entrando el humo en su ciudad, con el olor malparan las mujeres, se descríen los niños, y enflaquezcan los viejos y viejas y mueran de dentera y deseo de comer lo que les es vedado». Cuenta la Historia con mucho encarecimiento que poniendo por obra el mandato del rey de México, llevaron gran cantidad de estas cosas a los términos de Coyoacan, y era tanto el humo que llegaba y entraba por las calles [que] hacía malparir a las preñadas y daba cámaras a muchos, y a los que esto no les acaecía se les hinchaban los rostros y pies y manos de que morían. El señor de Coyoacan, viendo el daño que esto causaba, llamó a un consejero que tenía, cuyo nombre era Cuecuex, y díjole:

—«¿Qué haremos? Qué nos destruyen éstos, haciéndonos desear estas comidas que ellos comen, viniéndonos a dar estos humazos suaves a nuestros términos, con que malparen las mujeres y padecen los demás». Respondió Cuecuex: «¿qué hay que esperar, si no que ganamos por la mano y salgamos al campo? Yo seré el primero». En diciendo esto, se vistió de presto sus armas y tomó su espada y rodela, y solo, sin compañía, se fue adonde estaban las primeras guardas de México, donde desafió a los mexicanos, diciendo a grandes voces que él solo venía a destruirlos, haciendo el desafío con muchas palabras injuriosas, jugando de su espada y rodela con muchos saltos a un cabo y a otro. No hubo hombre que saliese a él temiendo los mexicanos no hubiese alguna celada, antes con aviso mandaron hacer un andamio alto que fue hecho en un momento, y subido allí el general Tlacaellel miró y atalayó a todas partes [por] si había alguna celada, o gente escondida, y vio que entre los carrizales salía un poco de humo. Considerando bien el ejército de los tepanecas, bajó y mandó que se subiesen allí los atalayas y mirasen con gran cuidado y solicitud si se apartaba alguna gente del ejército y hacia dónde. A los capitanes mandó poner en orden a toda la gente de guerra y que no pasasen de allí ni moviesen pie hasta que él volviese.

Dado este aviso, se metió por el carrizal hacia donde había visto el humo [y] yendo muy escondido y muy bien armado con espada y rodela, vino a salir a unos camellones de tierra en términos de Culhuacan, y mirando entre unas espadañas que allí había, vio que estaban allí tres soldados muy bien aderezados, aunque con mucho descuido. Conociendo en sus razones ser de Culhuacan y no tepanecas, salió a ellos, y preguntóles quién eran. Ellos sin hacer ningún mudamiento le respondieron:

—«Señor, somos de Culhuacan y venimos a buscar nuestras vidas, y así a punto de guerra para serviros en lo que ahora queréis hacer». Tlacaellel les dijo:

—«Antes creo que sois espías de Culhuacan que venís a reconocer nuestro ejército para tomarnos las espaldas». Los tres mancebos, sonriéndose, dijeron:

—«Señor, los de Culhuacan no tratan con traiciones, sino con mucha claridad y llaneza». Él les preguntó sus nombres, y ellos dijeron tres nombres diferentes de los suyos, queriéndose encubrir, porque eran principales deseosos de ganar honra, mostrándose en la guerra, donde lucieran más sus hechos cuando se descubriesen. Tlacellel les dijo: «pues, hermanos, yo soy el general del ejército mexicano, y pues venís a ganar honra, yo os quiero rogar una cosa, y es: que no os apartéis de este lugar ni os vais de aquí, sino que me guardéis este paso hasta que yo vuelva. Si acaso llegaren por aquí algunos soldados de Coyoacan, matadlos sin ninguna piedad, y con esto me aseguraré de la sospecha que tenido de vosotros». Ellos se lo prometieron y él se vino a su ejército, donde halló a su rey Itzcohuatl animando a los soldados y capitanes, y en llegando le dio cuenta cómo había hallado tres hombres, naturales de Culhuacan, mancebos muy dispuestos, y contándole todo lo que con ellos había pasado, le dijo cómo les rogó lo esperasen allí y le guardasen aquel paso, los cuales se lo habían así prometido.

Estando en esto llegaron los atalayas a dar aviso [de] cómo el ejército de Coyoacan venía acercándose en muy buena ordenanza. Atlacaellel rogó al rey se estuviese con aquella gente, se fuese acercando hacia los enemigos, y les hiciese rostro; que él quería ir con una compañía de soldados y dos capitanes a donde dejó los tres soldados, [para] ver si era gente fiel, y siéndolo, se volvería con ellos a su ejército luego, y si no remediaría la celada que allí hallase, si hubiese alguna. El rey le respondió que fuese e hiciese como valeroso y como de su ánimo y destreza esperaba. Y así, se metió por carrizales con aquella poca gente y vino adonde había dejado los tres mancebos, los cuales halló que le estaban esperando, como se lo habían prometido, y haciéndolos armas con divisas mexicanas, dándoles nuevas rodelas y espadas, comenzaron a marchar hacia Coyoacan con mucho secreto, tomando las espaldas a los enemigos. El rey de México ya había trabado la batalla, comenzando el combate con tanta enemistad, dañándose cuanto podían, y era tanta la vocería de una parte y de la otra, que se oía en gran trecho. Estando los mexicanos y tepanecas en lo mejor de su contienda, no sintiéndose ventaja en los unos ni en los otros, llegó el general Tlacaellel con su gente por un lado, tan a deshora y tan de repente, apellidando «¡México, México, Tenochtitlan!», que desmayó y turbó a los enemigos, en los cuales comenzó a herir y a matar tan sin piedad, que los hizo retirar. Los tepanecas viéndose así salteados, desampararon el campo. Yendo en seguimiento de ellos, Tlacaellel y sus tres compañeros hicieron tales hazañas y valentías, que no les paraba hombre delante, que huían de ellos como de leones carniceros. Los tepanecas íbanse retirando a gran prisa con intento de hacerse fuertes en su templo; lo cual entendido por Tlacaellel y sus tres compañeros, se adelantaron metiéndose por los enemigos hasta llegar al templo, y tomándoles la entrada de él, uno de ellos le pegó fuego. Los tepanecas, viendo arder su templo, desmayaron tanto que, dejando su ciudad, se acogían a los montes, yendo los mexicanos en su alcance, prendiendo y matando a cuantos alcanzaban. Viendo los tepanecas cuán mal les iba, se subieron a un monte alto, y desde allí, cruzadas las manos, comenzaron a dar voces y a pedir cesasen de matarlos y herirlos, que dejasen las armas, que ellos se daban por vencidos; que descansasen del cansancio y trabajo pasado, que tomasen huelga y aliento, y bastase la venganza que de ellos habían tomado. Los mexicanos respondieron:

—«No queremos perdonaros, traidores, no ha de haber en la tierra nombre de Coyoacan. Este día le hemos de asolar y echar por el suelo, porque no quede nombre de traidores que hacen juntas y provocan e incitan a las demás naciones a destruirnos». Ellos tornaron a replicar:

—«¿Qué ganaréis en asolar?» Basta lo hecho; aquí tendréis esclavos y perpetuos tributarios para cuanto hubiéredes menester: piedra, madera, cal, tierras, obreros para ellas y vuestras casas, ropas, bastimentos de todo género como lo quisiéredes y mandáredes». Los mexicanos, porfiando en que no había remisión, les respondieron en resolución que se acordasen de las vestiduras de mujer con que los habían denostado e injuriado, y que esta afrenta no merecía perdón. Los tepanecas, oyendo esto, dijeron que conocían su culpa, y pidieron perdón y misericordia con muchas lagrimas, prometiendo servirles con sus personas, y haciendas hasta la muerte. Entonces los mexicanos bajaron las armas y cesaron de herirlos y matarlos. Luego, mandó Atlacaellel retirar la gente mexicana que andaba muy encarnizada contra los tepanecas a los cuales habían ahuyentado más de diez leguas de su ciudad, metiéndolos por riscos y breñas. Juntados los mexicanos, volvieron con su general a la ciudad de México, victoriosos, y llenos de grandes y ricos despojos de esclavos, oro, joyas, rodelas y divisas de ricas plumas, ropas y otras muchas cosas de gran precio y valor. Tlacaellel y sus tres compañeros usaron con esta guerra de un ardid, y fue: que a todos los presos que iban cautivando les cortaban una guedeja de cabellos y los entregaban a la gente común para que los guardasen; hicieron esto para conocer el número de gente que ellos solos habían cautivado. Los cuales fueron dos tantos de los que cautivaron todos los demás juntos. En esta ventaja quedaron tan honrados y en reputación de valerosos, que solo este nombre les fuera bastante premio y galardón de su trabajo, y ellos lo tuvieron por suficiente satisfacción. No obstante esto, el rey Itzcohuatl los premió y aventajó [sobre] todos los demás en la partición de las tierras y despojos de Coyoacan, siendo siempre el más preferido el valeroso Tlacaellel, a quien con razón tenían por total causa y autor de la prosperidad y ensalzamiento de su nación, porque la nación mexicana siempre tuvo cuidado de premiar muy entero a los hombres de valor, que en las guerras se señalaban, y a los que se daban a la virtud, como en el progreso de esta relación en muchas partes se podrá advertir.

Con esta victoria y la de Azcaputzalco quedó la gente mexicana muy ensalzada, y temida de todos los demás por haber ya rendido y avasallado la nación tepaneca, que, como queda referido, era la más valerosa y en quien estaba el señorío de toda esta tierra. Por lo cual, estaban muy briosos los mexicanos y [tenían] los pensamientos muy encumbrados. Así, comenzaron a tratar de tomar títulos y renombres de señores, que son equivalentes a lo que otras naciones llaman duques, condes, marqueses, adelantados, almirantes, etc. Y para ponerlo en ejecución tomó la mano Tlacaellel y propúsoselo al rey Itzcohuatl con la traza que se había de hacer, porque las tenía muy buenas, que demás de ser tan animoso era en igual grado ingenioso y hábil y por esto mientras vivió (que fue mucho tiempo) siguieron infaliblemente sus consejos, teniéndole todos los reyes que alcanzó por oráculo y coadjutor de su gobierno. Oyendo, pues, el rey la demanda de Tlacaellel se la concedió de muy buena gana y, tomando su parecer, hizo señores y grandes en su reino, de esta forma. Primeramente, ordenaron que siempre se guardase este estatuto en la corte mexicana, y es: que después de electo rey en ella, eligiesen cuatro señores, hermanos o parientes más cercanos del mismo rey, los cuales tuviesen dictados de príncipes. Los dictados que entonces dieron a estos cuatro [fueron los siguientes:] el primero fue tlacochcalcatl, compónese de tlacochtli, que quiere decir dardo o vara arrojadiza, y de este nombre calcatl, que significa dueño de alguna casa, y así tlacochcalcatl significa el «príncipe de la casa de las lanzas arrojadizas». El segundo dictado fue tlacatecatl, compónese de tlacatl que es persona y de este verbo tequi, que quiere decir cortar o cercenar, de manera que tlacatecatl querrá decir «cortador o cercenador de hombres». El tercero dictado fue ezhuahuacatl, compónese de eztli, que es sangre, y de este verbo huahuana, que es arañar o rasguñar, de suerte que ezhuahuacatl significa «derramador de sangre arañando o rasguñando». El cuarto dictado fue tlillancalqui, compónese de tlilli, que es tizne o negrura, y de calli, que es casa, así es que tlillancalqui querrá decir «el señor de la casa de la negrura», era este título muy honroso, porque la tizne o negrura les servían en sus idolatrías y había ídolo de ella, como en su lugar se dirá.

Después de electos estos cuatro con estos dictados de príncipes, los hacían del consejo supremo, sin parecer de los cuales ninguna cosa se había de hacer y muerto el rey, había de ser electo uno de estos cuatro para sucesor del reino, y no otro alguno, porque, como queda referido, nunca heredaron los hijos de los reyes los señoríos, sino [que] por elección daban el reino a uno de estos cuatro príncipes, a los cuales tampoco heredaban sus hijos en estos dictados y cargos, sino que, muerto uno, escogían en su lugar al que les parecía, y con este modo siempre tuvo este reino muy suficientes hombres en sus repúblicas, porque elegían los más valerosos. Electos estos cuatro, dieron otros dictados a los demás principales y capitanes, según el valor y ánimo de cada uno, que por evitar la prolijidad no se ponen aquí, pues de los ya dichos se puede inferir el orden de los demás dictados, con que quedó el reino mexicano en más orden y muy ensalzado.

Estando ya en este punto la nación mexicana, los de Xochimilco, provincia muy grande, populosa y abastada de bastimentos y riquezas, viendo a sus vecinos y amigos, los tepanecas, rendidos y avasallados, temieron no les acaeciese otro tanto, y así, sin ocasión alguna, comenzaron a inquietarse. De manera que de ordinario estaban con sobresalto de lo que a los mexicanos no pasaba por pensamiento, antes los regalaban y trataban con mucho amor, yendo con grande amistad y seguridad a los mercados, tratando y contratando con toda llaneza; pero no fue eso bastante para que los de Xochimilco se sosegasen. Creciendo cada día más su inquietud, causada solo por su imaginación, hacían sus congregaciones donde unos eran de parecer que se entregasen a los mexicanos sin guerra, y otros que no, sino que diesen guerra a los mexicanos. En esta parcialidad hubo uno que habló tan soberbiamente y con tanto ánimo, que al fin persuadió a toda la congregación [para] que les diesen guerra. Con esta determinación, comenzaron los de Xochimilco a dar muestras con obras y palabras de mortal enemistad, lo cual disimuló el rey mexicano, convidándoles siempre con la paz y amistad, hasta que llegó a tanto el atrevimiento de los de Xochimilco que determinó el animoso Itzcohuatl salir al campo con ellos. Y así, hizo reseña el valeroso capitán general Tlacaellel de todos sus soldados y capitanes, a los cuales puso en orden, diciéndoles una plática de mucha elegancia (como él lo sabía bien hacer), dándoles avisos y ardides grandes de guerra, que en esto fue muy ingenioso y astuto. Tomando licencia de su rey, comenzó a marchar. Los contrarios, sabiendo que el ejército mexicano se movía, se apercibieron no menos y pusieron en orden. Su señor y cabeza principal hizo un parlamento, diciéndoles que vergüenza era que cuatro gatos como los mexicanos, gente vil y de poca estima, hubiesen prevalecido contra los mayores señores y más lucida gente de la tierra, deudos y parientes suyos, y que delante de ellos y en su presencia se estuviesen gloriando de ello, por tanto, que cobrasen ánimos y corajes de fieras, y destruyesen a toda aquella nación. Salieron los de Xochimilco, movidos con esto, con grandísimo ánimo, ataviados con ornatos de guerra muy preciosos, por ser gente muy rica y de valor. Viniéronse a juntar ambos ejércitos a un campo espacioso, donde partían términos los unos con los otros. El valeroso Tlacaellel comenzó a distribuir sus capitanes con gran aviso y discreción y los otros, confiados en la multitud de sus soldados, acometieron de tropel no curando de mucho orden por cuya causa brevemente los desbarató el ejército mexicano, con poca pérdida de su gente, haciendo gran matanza en los contrarios. Los cuales, viendo el campo lleno de muertos suyos, comenzaron a retirarse a gran prisa y los mexicanos a seguirlos, hasta que los de Xochimilco se metieron en la ciudad. No cesando los mexicanos de herir y matar en ellos, les hicieron acoger a su templo, donde luego pegaron fuego los mexicanos, y ahuyentándolos más los fueron siguiendo hasta los montes. Iban los capitanes y señores de Xochimilco tan fatigados, que determinaron rendirse, pidiendo misericordia, y así se asomaron por un cerrillo bajando a los mexicanos [con] las manos cruzadas, prometiéndoles sus tierras y perpetua servidumbre. Aunque se hacía un poco reacio y sordo el general Tlacaellel para espantarlos más al fin, viéndolos llorar, compadecióse de ellos, hizo señal con un atambor pequeño que traía pendiente a las espaldas, y los soldados bajaron las armas y cesó la guerra, de la cual vinieron muy contentos y ufanos con grandes despojos y cautivos. Itzcohuatl, los salió a recibir con grandísimo aparato, trayendo consigo a todas las dignidades y sacerdotes del templo, de los cuales unos tañían diversas flautas y otros incensaban a Tlacaellel y a sus capitanes, los cuales entrando con muchos presos delante, ellos con todos sus despojos, y acompañando a su rey se fueron al templo a dar gracias a su dios con muchas ofrendas de esclavos, ropas y joyas por las victorias que les daba. Hubo aquella noche en la ciudad tantas lumbreras que parecía mediodía e hicieron grandísima fiesta y baile. El día siguiente fue Itzcohuatl a Xochimilco con todos sus capitanes y soldados, donde fue recibido con grandísimo triunfo de los vencidos. Después de haber comido y descansado, repartió las tierras de Xochimilco a los suyos, mejorando siempre al gran capitán Tlacaellel y [dando] a los demás según sus méritos, como ya queda dicho. Entonces, los de Xochimilco comenzaron a llorar diciendo que era merecido verse desposeídos, y que justamente pagaban su atrevimiento y locura en haber así provocado a quien no les había ofendido; [luego,] juraron por su rey y señor al de México, dándole todos la obediencia. El cual, viéndolos así tristes, les consoló y habló muy benignamente. De lo cual quedaron los de Xochimilco muy gratos, y a la despedida les mandó que hiciesen una calzada por medio de la laguna, de cuatro leguas de espacio que había entre México y Xochimilco para que por allí fácilmente tuviesen trato y comercio los unos con los otros. Lo cual hicieron con tan buena voluntad y lealtad, que el rey Itzcohuatl los comenzó a honrar y admitir por grandes de su corte, haciéndoles tan buen tratamiento que ya los de Xochimilco se tenían por dichosos de haber sido vencidos de tan buen rey. Esta guerra la pintan de esta suerte.

[Batalla grandísima entre los mexicanos y los de Xochimilco, dada por mandato del rey de México Itzcohuatl y por el gran capitán Tlacaellel, do quedaron los de Xochimilco sujetos a los Mexicanos, habiendo muerto grandísima suma de gente de los de Xochimilco.]

Quedaron en tal punto los mexicanos con esta presa de Xochimilco, que en toda la tierra no osaban provocarles de temor, aunque había muchos deudos y vecinos de los vencidos que les eran mal afectos. Y así, andaban siempre considerando por qué vía podían hacer daño a los mexicanos; mas siempre les sucedía mal, como sucedió a los de Cuitlahuac, vecinos de los de Xochimilco, los cuales tienen su ciudad metida en la laguna, por cuya causa eran muy diestros por el agua. Se atrevieron a provocar a los mexicanos, pensando que solo por tierra eran valerosos, y que por agua prevalecerían contra ellos. Comenzaron a dar muestras de enemistad a los mexicanos con el estilo que ellos acostumbraban, impidiendo el comercio de los mercados y trato con los mexicanos, como queda referido. Viendo [esto], los comarcanos, se lo reprendieron por gran locura, mas ellos con su falsa imaginación prosiguieron en la enemistad hasta que provocaron contra si a los mexicanos. Sabiendo el rey la intención dañada de los de Cuitlahuac, dijo a Tlacaellel, su capitán general, que juntase sus capitanías y soldados, y diese guerra a los de Cuitlahuac; mas él sonriéndose, como confiado de su buena fortuna, le respondió:

—«Poderoso señor, ¿porqué te da tanta congoja una guerrilla de tan poca importancia, que te parece necesario todo el valor del brazo mexicano para ella? No tengas pena; descansa. Yo solo con los muchachos de la ciudad te allanaré ese negocio». Entró luego Tlacaellel con el rey al recogimiento de los mancebos del templo, de donde sacaron mozos, deudos suyos e hijos de principales, que mostraron ánimo para esto, e hizo juntar todos los muchachos de dieciséis a dieciocho años, que sabían mandar barcos por el agua. A estos mozos armó e industrió, y partiéndose con ellos hacia Cuitlahuac por agua y por tierra. Acometió la guerra con tantos ardides y traza, que antes que los otros se desenvolviesen, él y los muchachos los tenían cercados, y a pocas horas los ahuyentaron y cautivaron muchos de ellos. Sabiendo el rey de Cuitlahuac [esto,] consideró que si con los muchachos le había desbaratado la gente, si aguardaba el golpe del ejército mayor, sería destruido y asolado él y toda su tierra. Y así, determinó de rendirse a Tlacaellel y sujetarse a la corona de México. Salió con grandes presentes al tiempo que Tlacaellel iba muy furioso, siguiendo el alcance con sus muchachos. En encontrándole, el señor de Cuitlahuac se le postró suplicándole aplacase su ira, porque le hacía saber que ya eran todos unos, porque de muy buena voluntad se rendían y ofrecían por vasallos de la majestad mexicana y siervos del gran dios Huitzilopuchtli. Esto no solo aplacó a Tlacaellel, [sino que] le obligó a tener buen comedimiento, y así le honró y le admitió como él lo pedía. Volvió Tlacaellel a la ciudad con sus muchachos cargados de riquezas y presentes, [y] con muchos cautivos para sus sacrificios. fue muy famoso en todas la tierra este hecho por haber sido con muchachos bisoños en la guerra. Salió toda la tierra a verlos entrar por la ciudad. Entraron con gran triunfo, [llevando] sus presos en procesión. Recibióles el rey con su corte con lágrimas de gozo, abrazando y animando a los mozos; lo mismo hacían sus padres y parientes que allí venían. Salieron los sacerdotes por su orden según sus antigüedades, tañendo, incensando y cantando la victoria de los mancebos. Tocaron muchas bocinas, caracoles y atambores en el templo, y así entraron con este aparato a dar gracias a su ídolo con las ceremonias acostumbradas, humillándose, tomando con el dedo tierra, comiéndola, y sacándose sangre de las espinillas, molledos y orejas. Este estilo tenían en el recibimiento de los que venían de la guerra victoriosos, haciendo siempre esta adoración referida delante de su dios.

    Causó tanta admiración en toda la tierra este hecho de los muchachos que el gran rey de Tezcuco tuvo gran temor, y así determinó sujetarse al rey de México sin guerra para lo cual juntó a los de su corte, y proponiéndoles el caso a todos pareció lo mismo, y así eligieron unos embajadores principales y muy retóricos (que, como queda dicho, esta gente lo es en gran manera). Fueron estos de parte del rey de Tezcuco al de México con grandes presentes y dones. Llegados ante el rey Itzcohuatl, le presentaron aquellos dones de parte de su rey, diciéndole:

    —«Supremo y soberano señor, está tan manifiesto tu hado y destino, pues te ha elegido el Hacedor de Todo para ser monarca y señor de todo el mundo, que no hay hombre que tenga una poca de advertencia que no entienda no poderse esto excusar, pues tan claramente se ha mostrado con las victorias más que humanas que el Todopoderoso te ha dado. Considerando esto, los sabios de tu casa y reino de Tezcuco determinan de obedecer a la voluntad del Supremo Hacedor y darte la obediencia, recibiéndote por su emperador y supremo señor». El rey Itzcohuatl mostró gran contento con la embajada respondiendo con muy gratas palabras. Mandó aposentar a los mensajeros, y honrarlos, y tratar[los] como a su propia persona, diciéndoles que descansasen, que el día siguiente les daría la respuesta. Aquella noche envió a llamar su gran capitán Tlacaellel (porque no hacía más de lo que él le aconsejaba) y, proponiéndole el caso, le pidió su parecer.

Tlacaellel, envanecido con sus buenos sucesos, dijo al rey que diese por respuesta que ya que el negocio iba por guerra, con aquel estilo habían de sujetar a todas las naciones. Pero que por su buen comedimiento fingiesen los de Tezcuco que daban guerra a los mexicanos. Saldrían al campo con aparato de guerra, fingirían que peleaban y, sin lastimarse, se entregarían a los de México. Lo cual fue cumplido como Tlacaellel lo determinó. Quedó entonces la gente de Tezcuco muy querida y amada de los mexicanos. Y así, les tenían por parientes y hermanos, no habiendo entre ellos cosa partida, siendo el señor de allí perpetuo consejero del rey de México, tanto que no determinaba ningún negocio grave sin su parecer. Dióles el rey de México grandes privilegios. Con este rendimiento del rey de Tezcuco quedó el rey Itzcohuatl enseñoreado de todas las provincias que están en la redondez de la laguna, con que estaba muy encumbrado ya el reino mexicano. En este tiempo adoleció el valeroso rey Itzcohuatl de una enfermedad de que murió, habiendo reinado doce años.

Muerto este valeroso rey, hicieron gran sentimiento todos los del reino, porque era muy valeroso, amable y bien quisto, y los había gobernado con mucha suavidad. Hicieron su enterramiento y obsequias al modo que adelante se refiere en el libro de los ritos y ceremonias. Después de haber llorado y lamentado sobre su buen rey, el valeroso capitán Tlacaellel convocó a los del consejo supremo y a los reyes de Tezcuco y Tacuba (que ya entonces eran los electores) [y todos] juntos trataron de elegir nuevo rey. Para lo cual, uno de los electores se ponía en medio de este senado, y proponía el caso con mucha autoridad y elocuencia, diciendo:

—«Ya la luz que nos alumbraba está apagada, la voz a cuyo aliento se movía todo este reino está enmudecida y soterrada, y el espejo en que todos se miraban, está oscurecido. Por tanto, ilustres varones, no conviene que el reino esté más en tinieblas. Salga otro nuevo Sol que lo alumbre. Echad los ojos a nuestros príncipes y caballeros que han procedido de nosotros y de nuestro rey muerto; bien tenéis en qué escoger ¿Quién os parece que será, oh mexicanos, aquel que seguirá bien las pisadas de nuestro buen rey pasado? ¿Quién conservará lo que él nos dejó ganado, imitándole en ser amparo del huérfano, de la viuda, de los pobres y pequeños? Decid lo que os parece, según lo que habéis notado y visto en los príncipes que tenemos,

Con estas y otras palabras proponían de ordinario sus elecciones y cualquier caso grave que se ofrecía. Habiendo hecho su parlamento, eligieron sin mucha dificultad a Mutecuczoma, primero de este nombre, sobrino del valeroso Tlacaellel fue este muy valeroso príncipe, sabio y animoso. Hicieron con él nuevas ceremonias en su elección y fiestas mayores con más riquezas y aparato que a los pasados, porque estaba ya el reino mexicano rico y poderoso. Luego que le eligieron, le llevaron con gran acompañamiento al templo, y delante del brasero divino le pusieron un tren real y atavíos de rey. Tenía, juntamente, unas puntas de hueso de tigre y venado con [las] que se sacrificó en las orejas, molledos y espinillas, delante de su ídolo. Después le hicieron oraciones y pláticas muy elegantes los ancianos, así sacerdotes como señores y capitanes, dándole el parabién de su elección.

Había gran regocijo en las elecciones de estos reyes, haciendo grandes banquetes y bailes de día y de noche con mucha cantidad de luminarias. En tiempo de este rey se introdujo [la costumbre de] que para la fiesta de la coronación del rey electo, fuese él en persona a alguna parte a mover guerra para traer cautivos con que se hiciesen solemnes sacrificios. Aquel día quedó esto por ley y estatuto inviolable, el cual cumplió muy bien este rey, porque fue en persona a hacer guerra a la provincia de Chalco, que se les habían declarado por enemigos, donde peleó valerosamente y trajo muchos cautivos con que hizo un solemnísimo sacrificio el día de su coronación, aunque no dejó rendida la provincia de Chalco por ser la gente más esforzada y valerosa que hasta entonces habían encontrado los mexicanos, y así los rindieron con dificultad, como adelante se dirá. En este día de la coronación de los reyes concurría todo el reino y otras [gentes procedentes] de más remotas tierras. Además de las grandes fiestas y sacrificios que había, daban abundantes y preciosas comidas y vestían a todos, especialmente a los pobres, de diversas ropas. Para lo cual, aquel día entraban todos los tributos del rey con grande aparato por la ciudad, que eran en gran número y de mucho precio, así de ropa de toda suerte, como de cacao (que es moneda que acá mucho estiman), oro, plata, plumas ricas, grandes fardos de algodón, chile, pepitas, y otras cosas de especies de esta tierra, muchos géneros de pescados y camarones de los puertos de mar, gran número de todas frutas y de caza sin cuento, sin los innumerables presentes que todos los reyes y señores principales comarcanos traían al nuevo rey. Venía este tributo por sus cuadrillas, según diversas provincias, [y] delante los cobradores de tributos y mayordomos con diversas insignias. Era tanto en cantidad y entraba con tanto orden que era cosa de ver la entrada del tributo como toda la fiesta. Este era el orden que se guardaba en las coronaciones de los reyes mexicanos.

Coronóse, pues, en esta forma este poderoso rey, el cual conquistó gran trecho de la otra parte de la sierra nevada y otras partes, casi de mar a mar, haciendo hazañas dignas de gran memoria por medio de su general Tlacaellel, a quien amó mucho. La guerra en que más dificultad tuvo fue la de la provincia de Chalco, porque, como queda dicho, era gente casi tan valerosa como los mexicanos, y estuvieron mucho tiempo en rendirlos. Acaecieron en esta guerra grandes hechos y valentías de prodigios extraordinarios, entre los cuales fue uno muy digno de memoria. Acaeció que habiendo preso los de Chalco algunos mexicanos, fue [capturado] entre ellos un hermano del rey, al cual en su modo y autoridad conocieron que era tal persona, y teniéndolo preso los de Chalco le quisieron elegir por rey. Dándole la embajada hizo donaire de ello y respondió: que si querían que fuese su rey le trajesen el madero más alto que hallasen y arriba le pusiesen un tablado. Los de Chalco, pensando que aquel era el modo para ser ensalzado por su rey, obedecieron y pusieron en la plaza un madero altísimo y en la cumbre un tablado, donde se subió este hermano del rey mexicano, y abajo, al pie del madero, hizo poner a los demás mexicanos que habían cautivado con él. Puesto en la cumbre con unas flores en la mano, estaban atentos todos los de Chalco a ver qué les diría, y él, comenzando a cantar y bailar, habló con sus compañeros diciéndoles:

—«Oh valerosos mexicanos, me quieren hacer rey esta gente. Nunca permitan los dioses que yo me pase a los extraños, haciendo traición a los míos, porque no lo lleva de suelo ni generación noble. Por tanto, vosotros antes dejaos morir que haceros a la parte de vuestros enemigos. Y porque toméis ejemplo en mí, mirad cómo yo hago». Y diciendo esto, se arrojo de la cumbre abajo e hízose pedazos. Quedáronse espantados y asombrados los de Chalco, y así tomaron luego a los demás cautivos mexicanos y allí los mataron, diciendo:

—«Muera, muera gente tan terrible como ésta, de tan endemoniados corazones». Este suceso pintan en esta forma que se sigue.

[Habiendo preso los de Chalco a algunos en la batalla que tuvieron, entre ellos fue un hermano del rey Itzcohuatl y le quisieron elegir por rey, y él por no serlo y no ir contra su natural, se echó de un alto madero abajo do se hizo pedazos. Hecho cruelísimo.]

De este suceso tomaron por agüero los de Chalco que habían de ser vencidos de los mexicanos, porque dicen que aquella noche se aparecieron dos búhos, que se respondían el uno al otro y decían palabras en lengua mexicana con que daban a entender la destrucción de Chalco. Y así fue que acudiendo el rey en persona a la guerra con todo su poder destruyó aquel reino tan valeroso. Y, como queda referido, pasando los términos de la Sierra Nevada, fue conquistando hasta los últimos términos de aquella parte dando vuelta al mediodía, ganando, y sujetando [a] todos los de tierra caliente, que se llamaban tlalhuicas. Extendió su imperio casi por todas las naciones. Este fue el que, por consejo de Tlacaellel, nunca quiso sujetar la provincia de Tlaxcala, pudiéndolo hacer con mucha facilidad. La causa que daban era por tener una frontera donde de continuo se ejercitasen y señalasen los mozos en la guerra, y estuviesen diestros para otras conquistas de más importancia; y también para tener de ordinario cautivos que sacrificar a sus ídolos, lo cual se guardó perpetuamente. Era Tlacaellel hombre muy experimentado y sabio. Y así, por su consejo e industria, puso el rey Motecuzuma, primero de este nombre, en mucho orden y concierto todas sus repúblicas. Puso consejos, casi tantos como los que hay en España. Puso diversos consistorios que eran como audiencias de oidores y alcaldes de corte; asimismo [puso] otros subordinados, como corregidores, alcaldes mayores, tenientes, alguaciles mayores e inferiores, con un concierto tan admirable que entendiendo en diversas cosas, estaban de tal suerte subordinados unos a otros, que no se impedían, ni confundían en tanta diversidad de cosas, siendo siempre lo más encumbrado el consejo de los cuatro príncipes que asistían con el rey los cuales, y no otros, daban sentencias en otros negocios de menos importancia, pero habían de dar a estos memorial de ello; los cuales daban noticias al rey cada cierto tiempo de todo lo que en su reino pasaba y se había hecho. Puso, asimismo, este rey por consejo e industria del sabio Tlacaellel en muy gran concierto su casa y corte, poniendo oficiales que le servían de mayordomos, maestresalas, porteros, coperos, pajes y lacayos, los cuales eran sin número. [Puso asimismo] en todo su reino factores, tesoreros y oficiales de hacienda, [quienes] tenían cargo de cobrar sus tributos, los cuales le habían de traer por lo menos cada mes, que eran, como queda ya referido, de todo lo que en tierra y mar se cría, así de atavíos como de comida. Puso, asimismo, no menos orden que este ni con menos abundancia, en los ministros de jerarquía eclesiástica de sus ídolos, para la cual había tantos ministros supremos e ínfimos que me certifican que venía a tal menudencia que de cada cinco personas había uno que los industriaba en su ley y culto de sus dioses. Un principal muy antiguo encareció aún más esto, porque oyendo decir cuán malos eran los indios, pues no acababan de dejar sus idolatrías y ser buenos cristianos, respondió que cómo habían de olvidar la idolatría los naturales, pues los habían criado en ella con tanto cuidado que, en naciendo el niño, andaban a porfía muchos ministros que había para [ver] cuál le había de criar e industriar en la ley y culto de sus dioses. [Dijo, asimismo, que] cómo habían de ser buenos cristianos si para todo un pueblo, y aun para toda una provincia, no había sino un sacerdote, y no los entendía para explicarles el Santo Evangelio, y, lo que peor era, en muchas partes no le veían sino una vez al año y de paso. Concluyó con decir,

—«Pongan la mitad de la diligencia que se ponía en la de la idolatría para que seamos cristianos y serán los indios mejores cristianos que idólatras».

Y, cierto, tuvo mucha razón, porque por experiencia se ha visto [que] donde hay un poco de cuidado con ellos, se hace mucho fruto, y es gente muy apta para el Santo Evangelio y para todo lo que les quisieren enseñar, así de letras como de virtud. En lo cual ha habido mucho descuido; por cuya causa están el día de hoy muchos tan enteros en su idolatría, que para conservarla no es poca parte [de culpa] tenerlos tan aniquilados, que no sirven sino de menos que mozos de espuelas, cargados como jumentos, y como se acuerdan que en su gentilidad eran señores, sacerdotes y reyes, y sus ídolos los honraban tanto que les hacían sus semejanzas y hermanos, dificultosamente lo pueden olvidar, etc.

Este rey Motecuczuma el primero, después de haber puesto en tanto orden y majestad su reino, viéndose en tanta prosperidad, determinó de edificar un templo suntuosísimo para su dios Huitzilopuchtli, y así hizo convocar a todo su imperio, y proponiéndoles su intento trazó el templo, repartiendo a todas las provincias lo que habían de hacer. Acudieron todos con mucha brevedad y abundancia de oficiales y materiales, de suerte que en breve tiempo fue hecho. Estaba tan deseoso este emperador de mostrarse en la edificación de este templo, que certifican hacía echar muchas joyas y piedras preciosas en la mezcla que juntaba las piedras. En la estrena de él hizo gran fiesta, aún mayor que la de su coronación, y sacrificó gran número de cautivos, que, como valeroso, había traído de sus victorias, dotanto asimismo al templo de grandes riquezas, tales cuales para el templo de su imperio se requerían. Gobernó este rey con tanta suavidad que fue muy bien quisto y amable de sus vasallos. Tanto que todos los que habían sido enemigos de la nación mexicana, se aficionaron y confederaron con ella por medio de este rey. Estando en esta paz y contento, adoleció de una enfermedad grave de que murió, dejando gran desconsuelo y llanto a todo el reino, habiendo reinado veintiocho años. Enterráronle solemnísimamente con gran sentimiento, haciendo las obsequias al modo que queda referido. La figura de este rey es la que sigue.

[Primer rey llamado Motecuczuma electo por el gran capitán Tlacaellel. Era su ídolo el dios Huitzilopuchtli. Reinó veintiocho años.]

Libro I. Tercera parte

Concluidas las obsequias, el capitán general Tlacaellel, que todavía era vivo, juntó los del consejo supremo con los dos reyes electores del imperio, que eran el de Tezcuco y [el] de Tacuba, los cuales (especialmente el de Tezcuco), coronaban a los reyes de México. Estos juntos, tornando a llorar de nuevo la pérdida del rey que tanto amaban, trataron de elegir nuevo rey, y todos se encaminaban al valeroso Tlacaellel, el cual, como otras veces, no quiso admitir el reino, dando por razón que más útil era a la república que hubiese rey y coadjutor que le ayudase, como era él, que no solo el rey. Y no le faltaba razón, porque con su industria, no siendo rey, hacía más que si lo fuera, porque acudía a muchas cosas que no pudiera hacer si reinara. Pero no por esto dejaba de tener tanta y más autoridad que el mismo rey, porque le respetaban y honraban, servían y tributaban como a rey, y con más temor, porque no se hacía en todo el reino más que lo él mandaba. Y así, usaba tiara e insignias de rey, saliendo con ellas todas las veces que el mismo rey las sacaba. Por esta causa le pareció que no tenía necesidad de reinar, y que así representaba más valor y estima. Preguntándole todos en esta elección que pues él no quería, quién le parecía que reinase, dio el voto a un sobrino suyo, que era de muy poca edad, llamado Tizoczic, hijo del rey muerto. Replicáronle que advirtiese era muy mozo, y así tenía muy flacos hombros para una carga tan grande como era el imperio mexicano. Él respondió que para eso estaba él allí, que le regiría e industriaría como había hecho a los reyes pasados. Satisfizo esta razón y así todos consintieron en la elección del mozo, al cual trajeron con grande aparato y, llevándolo al brasero divino, hizo su sacrificio y se hicieron las pláticas y amonestaciones acostumbradas. Horadándole las narices, le pusieron una esmeralda en ellas y los atavíos reales, poniéndole en su trono al modo que queda dicho. Este, para su coronación, fue a dar guerra a cierta provincia que se había rebelado contra México, donde se mostró algo temeroso y en la refriega perdió más gente que cautivó. Mostrando alguna pusilanimidad, volvióse diciendo que ya tenía los cautivos que bastaban para el sacrificio de la fiesta de su coronación. Recibiéronle a la vuelta con gran solemnidad y coronáronle con la fiesta acostumbrada, aunque los mexicanos estaban descontentos de él, porque no lo veían belicoso. Reinó cuatro años sin hacer cosa memorable ni mostrar afición a la guerra, por cuya causa los mexicanos al cabo de este tiempo le ayudaron a morir con ponzoña, y así feneció este rey, a quien enterraron e hicieron las obsequias acostumbradas. Cuya figura es esta que sigue.

[Por muerte de este primer rey Motecuczuma se hizo junta del capitán general Tlacaellel, el rey de Tezcuco y el rey de Tacuba, que estos coronaban los reyes, y eligieron por segundo rey a un sobrino de Tlacaellel, llamado Tizozic, hijo del rey muerto llamado Motecuczuma. Reinó cuatro años; fue ayudado a morir.]

Juntóse el consejo Y electores del reino a la elección del nuevo rey con Tlacaellel, que hasta entonces vivió, aunque estaba ya muy viejo, y le traían en hombros sobre una silla a los consistorios. En esta elección, después de haber dado y tomado en el negocio, según lo tenían por costumbre, salió electo Axayaca, hijo del rey Motecuczuma. Trajéronlo al consistorio con grandísima honra, y al brasero divino, haciéndole las ceremonias y pláticas acostumbradas. fue este muy valeroso y aficionado a las guerras, tanto que jamás se hizo guerra ni combate que él no saliese delante haciendo oficio de capitán. Antes que fuese coronado, recién electo, adoleció el famoso y sabio Tlacaellel, de la cual enfermedad murió. En el artículo de su muerte, llamó al rey electo y le encargó mucho a sus hijos, especialmente al mayor, que daba muestras de ser muy valeroso y había hecho grandes hazañas en las guerras. El nuevo rey, por consolarle, después de haberle hablado muy tiernamente con muchas lágrimas, hizo llamar a los de su consejo real y, rodeando todos el lecho de Tlacaellel, mandó llamar el rey al hijo mayor de Tlacaellel, y allí en presencia de su padre y de su consejo, le dio el mismo oficio de su padre, de capitán general y segundo de su corte con todas las preeminencias que su padre tenía. Quedó con esto el viejo muy contento y luego murió. Hiciéronse obsequias solemnísimas y un enterramiento más suntuoso que el de los reyes pasados, porque todos lo tenían por el amparo y muro fuerte del gran imperio mexicano. fue muy llorada su muerte, porque puso en gran tristeza a todo el reino. Y así fue necesario que el rey alegrase la tierra con su coronación.

Partióse a hacer la ceremonia de traer cautivos para el sacrificio de sus fiestas con grande aparato, a una provincia muy populosa y riquísima llamada Tequantepec, donde habían muerto y tratado muy mal a los mercaderes y mayordomos que por allí recogían el tributo del gran rey de México y, juntamente con esto, se habían rebelado contra la corona real. fue este rey en persona a restaurar esta provincia saliendo con gran número de soldados de todo su reino, llevando gran cantidad de bastimentos, y bagaje. Al cual hacían grandes fiestas y recibimientos por todos los pueblos y ciudades por donde pasaban, haciéndole grandes banquetes de comidas preciosísimas. Vínose a poner al puesto donde habían de acometer a los enemigos, que ya estaban bien apercibidos, aunque muy admirados de ver que tan presto y a tierra tan remota hubiese ido el mismo rey mexicano con tantos soldados. Y aunque el número de los de aquella provincia era muchísimo sin los comarcanos que les vinieron a ayudar, no por eso el rey desmayó. Armándose a su modo con una espada y rodela en la mano, se puso delante de su ejército [y] acometió valerosísimamente. En acometiendo, vino sobre él y los suyos innumerable gente con gran grita y vocería, hinchiendo el aire de flechas, fisgas, varas arrojadizas, y otros instrumentos de guerra. Él fingió que huía [y] esta multitud fuéle siguiendo hasta un lugar donde tenía escondidos muchos soldados cubiertos con paja, los cuales, dejando pasar a los de Tequantepec en seguimiento de su rey, salieron de improviso dentro la yerba y, haciendo una media Luna, les cogieron de espaldas. Entonces, el rey revolvió con los suyos por otra parte y, cogiendo en medio a sus enemigos, hicieron allí grandísima matanza. Tomaron bastantes cautivos para el sacrificio de su coronación. Pasó luego con gran furia a la ciudad y al templo; todo lo cual asoló y destruyó. Y no contento con esto, fue a tomar venganza de las provincias vecinas a aquella, que les habían incitado y dado favor. A todos los conquistó haciendo grandes castigos, no parando hasta Guatusco, que es puerto de la Mar del Sur, que hasta allí extendió su reino. Volvió con gran triunfo poniendo en admiración a todo el mundo [e] hiciéronle grandes fiestas y banquetes por todo el camino. Entró en su corte con grande aplauso de ella: saliéronle a recibir todos los eclesiásticos, mozos del templo, colegios y escuelas de niños, haciéndole las ceremonias acostumbradas, que en el reino de Motecuczoma quedan dichas. En llegando al templo, hizo la adoración y ceremonia delante de su dios Huitzilopochtli, dándole gracias por la victoria, ofreciéndole muchos despojos de gran valor y riqueza que de allí trajo. grandísimos caracoles, veneras, y conchas de la mar, con [las] que reformó los instrumentos de su templo, [porque las] bocinas y flautas las hacían de estas cosas. Trataron luego de la celebración de su coronación, la cual fue tan famosa que acudieron de todo este nuevo mundo, hasta los enemigos, a verla. No fue menos de ver la entrada de sus tributos por la plaza real con el orden que queda ya referido, pero mucho más en cantidad que los otros reyes pasados. Hizo este rey grandes victorias, porque él en persona extendió su reino hasta el Mar del Sur y, después, por esta otra parte hasta Cuetlaxtlan y las demás provincias que confinan con el Mar Océano, triunfando y venciendo siempre, con igual valor y poca pérdida de los suyos.

Este fue el que castigó el atrevimiento de los de Tlatelulco, que como queda declarado, eran de los mexicanos y quisieron hacer bando y cabeza por sí, no queriendo reconocer a su propio rey que era el de México. En este tiempo se habían ya multiplicado y extendido mucho los de Tlatelulco (que ahora se llama Santiago) y acertaron a tener un señor y cabeza muy valiente y esforzado, y no menos soberbio. El cual se atrevió a provocar la ira de este rey mexicano, porque enviándole a decir que reconociese a su señor natural y se redujese al imperio de México, respondió descortésmente con palabras de desafío poniéndose luego en armas. El rey, desde que lo supo, armóse y tomó un escuadrón por sí para combatir él en persona al principal de Tlatelulco, y al capitán general, hijo de Tlacaellel, mandó fuese con los demás capitanes con la otra gente. El capitán de los de Tlatelulco quiso usar de un ardid y fue que mucha gente se entrase por la laguna y entre las espadañas se escondiese, los cuales iban vestidos con diversas divisas de pájaros, de cuervos, de ánsares, ranas, etc., para que estuviesen allí en celada, y cogiesen de improviso a los mexicanos, que por los caminos y calzadas pasasen. Sabiéndolo, el rey Axayaca hurtóles el cuerpo entrando por otra parte y cuando fue sentido, vínole al encuentro el capitán de Tlatelulco. Entonces, el mismo rey lo acometió, mandando a su capitán general que fuera a dar sobre los que estaban en celada. Asiéronse aquí solos el capitán de Tlatelulco y el rey, y mandando cada uno a los suyos estuviesen quedos, combatieron hombre a hombre un gran rato. Llevando la ventaja el esforzado rey, comenzó a volver las espaldas el capitán de Tlatelulco y, viéndolo, los suyos desmayaron e hicieron lo mismo. Comenzó a seguir el rey a su enemigo, el cual se subió en la cumbre del templo, adonde subió el rey, y con gran ánimo despeñó desde allí al capitán de Tlatelulco, haciéndole pedazos con otros que allí halló. Los soldados del rey que siguieron esa otra gente, cautivaron a muchos y mataron muchos más. Y al cabo, pegaron fuego al templo con lo que quedó asolada aquella ciudad. En el ínterin el capitán general mexicano con no menos valor dio sobre la celada y, haciendo gran destrucción en ellos, tiñeron en sangre la laguna. Los que quedaban determinaron de rendirse y pedir perdón, y el capitán general, por tener un poco de pasatiempo con ellos y afrentarlos más, comenzó a decir:

—«No os hemos de perdonar si no graznáis y cantáis al modo de las divisas que habéis tomado, y pues venís vestidos como cuervos, graznad como ellos». Comenzaron luego los otros a hacerlo de puro temor, y en acabando les dijo:

—«Cantad ahora como ranas». Y así, les fue haciendo dar diversos graznidos, según estaban vestidos, con que dieron que reír a todo el ejército y ellos [quedaron] muy afrentados, tanto que hasta ahora les dura. Volviendo el rey de asolar la ciudad de Tlatelulco, halló a su capitán general ocupado en este ejercicio en la laguna donde ayudó a reír la invención.

Entró en la ciudad con gran triunfo y recibimiento, como se acostumbraba, yendo al templo a hacer sus ceremonias, etc. Y así quedó allanada la inquietud de Tlatelulco. Ensalzó este rey en gran manera el imperio mexicano [y] fue muy amado de todos por su nobleza y valentía. Reinó once años, al cabo de los cuales murió, dejando en suma tristeza a toda la tierra. Hiciéronle su enterramiento con mucho sentimiento y su obsequias acostumbradas. Su figura pintan en la forma que se sigue.

[Rey Axayaca, hijo del rey Motecuczuma. Electo por el general Tlacaellel y consistorio, y en acabando de hacerse ésta murió el gran capitán Tlacaellel. Este rey despeñó al rey de Tlatelulco de un alto edificio; abajo murió.]

Eligieron luego los electores del imperio a Ahuitzotl, mancebo de grandes prendas y esperanzas, príncipe de los cuatro. fue su elección muy a gusto de todos, lleváronlo con gran regocijo al brasero divino y a su trono, donde hizo las ceremonias acostumbradas, y los retóricos sus oraciones. fue éste animoso y muy afable, por cuya causa fue muy amado de todos. Para hacer la fiesta de su coronación hizo un hecho notable y fue que sabiendo que los de Cuetlaxtlan, provincia muy rica y muy remota de México, habían asaltado a los mayordomos que traían el tributo del rey mexicano, y muerto muchos de ellos, fue él en persona a la venganza de esto. Llegó en tiempo que dividía un gran brazo de mar el paso por donde había de entrar a los enemigos, y él, como sabio y animoso, hizo con sus soldados una gran balsa de fajina y tierra, y poniéndola en la mar a manera de isleta, pasó con muchos soldados a la otra parte, donde con gran valor comenzó a combatir los enemigos, enteniéndolos mientras pasaban por la isleta todos los suyos. Puesto todo su ejército de la otra parte, comenzó a combatir valerosísimamente aquella tierra con tanto ánimo, que de solo verle los suyos delante pelear tan valerosamente cobraban ánimos invencibles. Y así, con poca pérdida de los mexicanos, haciendo gran matanza de los contrarios, sujetó toda aquella provincia, y mientras andaba el combate, servía la isleta de acarrear al real de los mexicanos los que cautivaban. Volvió este rey de esta victoria con grandes despojos y aumento de su imperio. fue recibido por todos los lugares y provincias con gran fiesta y aplauso de todos hasta llegar a la ciudad de México, donde entró con grandísimo triunfo, recibiéndole los seculares y eclesiásticos con las ceremonias acostumbradas. Yendo derecho al templo a dar gracias al ídolo y hacer sus ofertas y ceremonias, como queda dicho en otra parte. Coronóse con gran regocijo de toda la tierra, haciendo en la coronación grandes fiestas, con el orden y concierto que acostumbraban en tales días.

Fue este rey tan valeroso que extendió su reino hasta la provincia de Guatemala (que hay de distancia desde esta ciudad trescientas leguas) no contentándose hasta [llegar a] los últimos términos de la tierra que cae al mar del sur. Por esto, y por su afabilidad, fue muy querido de todos. Era tan amigo de hacer bien, que hizo muchos caballeros, dándoles grandes dones. Muchas veces, el día que se cumplía el término de sus tributos íbase a holgar a alguna recreación de las que tenía, dejando mandado que en llegando el aparato de su tributo, le saliesen a recibir con él al camino, cuando volviese, y que en aquel lugar y hora estuviesen allí juntos todos los necesitados de su reino y allí distribuía todos sus tributos, que eran en gran número, vistiendo a los pobres con la ropa que traían, y dándoles de comer abundantemente de todas las cosas de comida que le tributaban, y con las joyas y preseas de piedras ricas, perlas, oro, plata, y plumas ricas premiaba a sus capitanes y soldados por las hazañas que hacían en la guerra. Y así, entraba en la ciudad dejando distribuidos por el camino todos sus tributos. fue, asimismo, muy gran republicano, y así andaba siempre derribando y reedificando los templos y lugares públicos de la ciudad, y viendo que la gran laguna de México, donde estaba asentada su ciudad tenía poca agua, quiso aumentarla y determinó meter en ella un grandísimo manantial, que está una legua de la ciudad en términos de Coyoacan, al cual los antiguos, con grandísima dificultad e industrias ingeniosas, atajaron, dándole cerco y madre por donde corriese. Para efectuar su intento, este rey mandó llamar al principal de Coyoacan, el cual era gran brujo y muy familiar del demonio. Puesto delante del rey, [éste] le propuso el caso, él le respondió:

—«Poderosísimo señor, cosa dificultosa es la que emprendes, porque con este manantial, que quieres traer, tuvieron grandísimo trabajo y riesgo de anegarse los antiguos, y si ahora mandas deshacer el cerco y la vía ordinaria que tiene, no dudes que con su abundancia ha de anegar toda tu ciudad». El rey, pensando que éste con la presunción de sus artes mágicas le quería ir a la mano, llevóle mal, y así indignado envió al día siguiente uno de sus alcaldes de corte a prenderle. El cual, llegando al palacio del principal de Coyoacan, mandó a sus sirvientes le dijesen que estaba allí, que le traía un recado de su señor y rey. El principal de Coyoacan, barruntando que le iban a prender, dijo que entrase, y entrando el alcalde de corte vídolo convertido en una águila grande muy feroz. Volviéndose, contó el caso al rey, el cual mandó [que al] día siguiente tornasen a ir por él. Y entrando en su aposento halláronle hecho un tigre ferocísimo. Porfiando a tomarle, tomó una forma de serpiente, con que atemorizó a todos los mensajeros del rey, el cual, sabiendo lo que pasaba, se enojó grandemente y envió a decir a [los de] Coyoacan [que] le trajesen a su principal y si no que destruiría y quemaría toda la ciudad. El encantador, viendo el mal que por su causa, resultaba a su patria, se entregó. Y traído ante el rey, le hizo dar garrote. Mandó luego que deshiciesen el cerco del manantial y encaminasen el agua hacia la ciudad de México, haciéndole un caño por donde fuese, de cal y canto. Hízose con mucha brevedad y en abriendo, el manantial comenzó a rebosar y a derrumbarse gran cantidad de agua por el caño, la cual recibieron cuando comenzó a entrar por la ciudad con grandes alegrías, ritos y ceremonias, yendo los sacerdotes a la orilla del caño quemando incienso, tañando caracoles y descabezando codornices, echando la sangre por los bordes del caño, y lo demás dentro del agua.

El sacerdote que iba delante llevaba la vestidura de la diosa que representaba el agua. Todos estos iban saludando y hablando a la agua con grande alegría, diciéndole que fuese muy bien venida y otras salutaciones, como si fuera cosa que entendía. Hacía esto porque tenían por dioses a los elementos, montes y otras cosas criadas, aunque preguntándoles por qué adoraban a los montes y aguas, etc., respondían que no adoraban aquellas cosas por sí mismas ni las tenían por dioses, sino que entendían que allí existían más en particular sus dioses. Metido este manantial en la ciudad, creció tanto, que aínas la anegara toda, y así anegó la mayor parte de ella, derribando muchas casas que no estaban muy fuertes. Procuró el rey con gran diligencia darle desaguadero con que sosegó. fue causa esta ruina para reedificar la ciudad más fuerte y curiosamente, y así quedó puesta en el agua, tan hermosa como una Venecia. Habiendo puesto este rey esta ciudad con esta hermosura, y extendidos sus reinos como queda referido, habiendo reinado quince años falleció, dejando en extremo desconsolada toda la tierra por haber perdido un rey tan esforzado y tan benigno, que su nombre en el vulgo era Padre de huérfanos. Su figura y el modo con que trajeron el agua del manantial referido, son los que siguen.

[Rey Ahuitzotl, ganó hasta las provincias de Guatemala. Reinó quince años, fue valeroso y padre de los huérfanos, trajo el agua a México desde Coyoacan.]

Hechas las obsequias y honras del rey Ahuitzotl, entraron los electores en su consistorio, y, sin mucha dilación, eligieron por rey al gran monarca Motecuczuma, segundo de este nombre, en cuyo tiempo entró la cristiandad en esta tierra, como adelante se dirá. A diferencia de éste, llamaban al otro Motecuczuma, huehue Motecuczuma, que quiere decir Motecuczuma el Viejo. Eligieron a Motecuczuma el segundo con tanta facilidad como queda referido, porque todos le tenían echados los ojos para el efecto, porque demás de ser animosísimo, era tan grave y reportado, que por maravilla le oían hablar palabra, y las veces que hablaba eran en el consejo supremo con tanto acuerdo y aviso, que a todos admiraba; y así antes de ser rey era muy temido y reverenciado. Estaba de ordinario recogido en una pieza que tenía para sí, diputada en el templo de Huitzilopuchtli, donde decían le comunicaba mucho su ídolo hablando con él, y así, presumía de muy devoto y religioso. Después de haberle elegido, fuese a esconder a esta pieza, donde le fueron a buscar los señores de la corte y, acompañándole, le trajeron al consistorio. Venía con tanta gravedad, que todos decían le estaba bien su nombre de Motecuczuma, que quiere decir Señor Sañudo. Al tiempo que entró donde estaban los electores, hiciéronle gran reverencia y diéronle noticia de su elección. Lleváronle luego con grande majestad al brasero divino, donde se sacrificó al modo acostumbrado y echó incienso a los dioses. Lo cual hecho, le pusieron los atavíos reales y, horadándole las ternillas de las narices, le pusieron en ellas una esmeralda muy rica, y sentándole en su trono, le hicieron los retóricos y ancianos las oraciones acostumbradas. Entre las cuales, fue muy famosa la primera que le hizo el rey de Tezcuco, dándole la enhorabuena, diciendo de esta manera:

—«La gran ganancia que ha alcanzado todo este reino, oh [ilustrísimo] mancebo, en haber merecido que tú seas la cabeza de él, bien se deja conocer por haberte escogido tan fácilmente y [por la] alegría que muestra en tu elección. Y, cierto, con gran razón, porque está ya el imperio mexicano tan grande y tan dilatado, que para regir un mundo como éste, llevar a cuestas una carga tan pesada, no se requería menos consistencia y fortaleza que la de tu firme y animoso corazón, ni menos reposo, saber y prudencia que la tuya. Y así digo que el omnipotente dios ama esta ciudad, pues les ha dado lumbre para escoger aquello que a su reino convenía. Porque, ¿quién duda que un señor y príncipe que antes de reinar sabía investigar las nueve dobleces del cielo, y ahora con la ocasión del reino, tan vivo sentido, no alcanzará las cosas de la tierra para acudir al remedio de su gente? ¿Quién dudará que el gran esfuerzo que siempre has mostrado en casos de gran importancia, antes de tener tanta obligación, te ha de faltar ahora? ¿Quién dudará que en tanto valor ha de faltar remedio al huérfano y a la viuda? ¿Quién no se persuadirá que ha llegado ya este imperio mexicano a la cumbre de la autoridad, pues te comunicó el señor tanta, que en solo verte la pones a quien te mira? Alégrate, pues, oh tierra dichosa, pues te ha dado el Señor de lo

Criado un príncipe que será columna firme en que escribes, padre, amparo, y más que hermano de los tuyos en la piedad y misericordia. Regocíjate, y con gran razón, que tienes un rey que no tomará ocasión, con el estado, de regalarse y estarse tendido en el lecho, ocupado en vicios y pasatiempos; antes con el mejor sueño se sobresaltará su corazón, quedando desvelado con el cuidado que de ti ha de tener, y el más sabroso bocado de su comida no sentirá, suspenso con el cuidado de tu bien. Mira, pues, si con razón te digo que te alegres y alientes, oh reino dichoso. Y tú generosísimo mancebo, poderoso señor nuestro, pues el Criador de Todos te ha dado este oficio, el que en todo el tiempo pasado ha sido tan liberal contigo, ten confianza, que no te negará sus mayores dones en el estado que te ha dado, el cual sea por muchos años buenos».

Estuvo el rey Motecuczuma a esta oración muy atento, la cual acabada se enterneció tanto, que acometiendo a responder por tres veces no pudo. Y así, limpiándose las lágrimas y reportándose lo más que pudo, dijo brevemente:

—«Harto ciego estuviera yo, oh buen rey, si no viera y entendiera que las cosas que me has dicho ha sido puro favor que me has querido hacer. Pues, habiendo tanto hombres tan nobles y generosos de este reino, echaste mano para él del menos suficiente, que soy yo. Y cierto que siento tan pocas prendas en mí para tan arduo negocio, que no sé qué haga sino es acudir al Señor de lo Criado [para] que me favorezca, y suplico a todos los presentes me ayuden a pedírselo y suplicárselo». Y diciendo estas palabras tornó a enternecerse y a llorar, Llegaron entonces los demás ancianos retóricos y, consolándole, hicieron las demás oraciones. Hecho [esto] le llevaron a su palacio real, donde estuvo recogido sin hablar con nadie algunos días. En el ínterin hicieron las fiestas de la elección con grandes bailes y juegos de día y de noche con grandes luminarias. Habiendo algunos días que este rey era electo, comenzó a descubrir sus soberbios pensamientos. Lo primero que hizo fue poner y asentar su casa real, para lo cual envió a llamar a un anciano que había sido ayo suyo y, descubriéndole sus pensamientos a solas, le dijo:

—«Sabrás, oh padre mío, que tengo determinado de que todos los que me sirvieren sean caballeros e hijos de príncipes y señores, y no solo los que han de asistir en mi casa, sino [que] todos los que tuvieren cargos preferidos en todo mi reino han de ser tales, porque estoy muy ofendido de los reyes pasados que se sirvieron en semejantes cargos de gente baja. Por tanto, yo me determino de privarles a todos de cualquier oficio real que tengan, y dejar mi casa y reino muy ahidalgado sin mezcla de esta gente». El viejo reparó un poco en el caso, y respondióle:

—«Gran señor, sabio y poderoso eres, y bien podrás hacer seguramente lo que bien te estuviere, más paréceme que no te será bien contado esto, porque juzgarán que quieres aniquilar a los reyes pasados deshaciendo sus cosas. Y así, te extrañará el pobre y humilde macehual, y no osará mirarte ni llegar a ti». Respondió entonces Motecuczuma:

—«Pues eso es lo que yo pretendo, que el hombre bajo no se iguale con el principal ni ose mirar al rey. Y quiero decirte mi intento, porque tú y todos los que lo supieren, sé que dirán tengo mucha razón. Ya sabes cuán diferente es el estilo de los nobles y de los bajos, y si los principales se sirven de gente baja, especialmente los reyes, esta gente les echará muchas veces en vergüenza, porque enviándolos con sus embajadas y recaudos el rey, el caballero lo dirá cortesana y discretamente, y ellos con su rudo lenguaje lo confundirán, de suerte que piensen que no sabe más que aquello el que los envía. Al fin, son rústicos, y por muy industriados que estén, han de oler a su barbaridad. Demás de esto, no es justo que las palabras de los reyes y príncipes, que son como joyas y perlas preciosas, se pongan en tan ruin lugar como los hombres bajos, sino en otros tan buenos como los príncipes y señores, porque allí están en su propio lugar, que esa otra gente vulgar no servirá de más que afrentarnos, porque si les mandáredes hacer cosas de noble ánimo y liberal, ellos con su vileza y estrecheza lo aniquilarán y apocarán. Ves aquí de qué sirve servirse de semejante gente. Y así, esto supuesto, pues está en tanta razón, yo te mando que me juntes cuantos hijos de príncipes hay en los recogimientos y fuera de ellos, y escogiendo los más hábiles, los industries para el servicio de mi casa y reino, privando de cualquier oficio real a los que fueren de bajo linaje. Entienda cada cual en lo que le viene de suelo. Y di a mi consejo que esta es mi voluntad, la cual quiero que se ponga luego en obra, fue el viejo a poner en ejecución lo que el rey le mandaba con grande admiración del saber y señorío de Motecuczuma. Sabida por el consejo su voluntad, púsose por obra lo que mandaba.

Después que puso en orden su casa y reino, partióse a hacer la guerra para traer cautivos para el sacrificio de su coronación. fue a una provincia muy remota que se había rebelado contra la corona real. Salió con gran número de soldados y carruaje todos muy lucidos y bien ataviados, siendo muy festejado y bien recibido por todo el camino que llevó. Llegado a la provincia que había de combatir, que era hacia el Mar Océano, dio la guerra tan valerosamente y con tal orden y concierto, que brevemente la rindió. Con esta misma facilidad fueron siempre vencedores los mexicanos, que por maravilla fue desbaratado su ejército solo dos veces: en Tepeaca y Michoacán, porque eran tan valerosos como ellos, especialmente los de Michoacán, que, como queda ya advertido, eran descendientes de los mismos mexicanos, los cuales haciéndoles guerra sin ninguna ocasión, parece que permitió dios que prevaleciesen los de Michoacán contra ellos. Habiendo sujetado la provincia el rey Motecuczuma y tomado muchos cautivos y otros despojos para la fiesta de la coronación, haciendo castigos muy ejemplares, dejó toda aquella tierra muy temerosa, de suerte que ellos ni otros no se atrevieron a rebelarse contra él. Volvió con gran triunfo y, en todo el camino, los señores de las ciudades y pueblos por do pasaba, le daban aguamanos y hacían los demás oficios de pajes, cosa que con ningún otro rey habían usado. Tanta era la reverencia y temor que le habían cobrado. Entró en la ciudad con todo su aparato de presos y despojos, donde le recibieron con una solemnísima procesión, al modo que ya queda dicho, con gran estruendo de bailes, bocinas, flautas, atabales y otros instrumentos de alegría. [Pasando] en diversos arcos triunfales, llegó al templo, donde hizo su adoración y ofrendas acostumbradas de todos los despojos que traía. Entróse luego a descansar a su retraimiento. Comenzaron luego a dar orden para las fiestas de su coronación, a la cual concurrió tanto número de gente de diversas partes que vieron entonces en la ciudad de México gentes que nunca habían visto. Hubo grandísimas fiestas, bailes, comedias y entremeses de día y de noche, con tantas lumbreras que parecía mediodía. fue tanta la cantidad de los tributos que trajeron, y tantos los señores y principales, y tan lucidos, que iban con ellos, que puso a todo este mundo en grande admiración. No menos [admiración causó] la mucha gente que hubo para sacrificios de toda suerte en aquel día. Vinieron a estas fiestas hasta los propios enemigos de los mexicanos, como eran los de Michoacán y los de la provincia de Tlaxcala a los cuales hizo aposentar el rey y tratar como a su misma persona y hacerles tan ricos miradores, desde donde viesen las fiestas, como los suyos, aunque encubiertos y disimulados. Salían, en los bailes y fiestas de noche, con el mismo Motecuczuma, el cual los trataba con tanta cortesía y discreción, que los dejó admirados y no menos gratos. Coronóse este rey con toda esta pompa y solemnidad, poniéndole la tiara el rey de Tezcuco, cuyo oficio era coronar los reyes de México. Esta coronación pintan en la manera que se sigue.

[Rey cuarto: gran monarca Motecuczuma, segundo de este nombre, en cuyo tiempo entró la cristiandad. fue llamado el otro Motecuczuma, huehue Motecuczuma, que quiere decir Motecuczuma el Viejo. Coronóle el rey de Tezcuco. Reinó quince años.]

Todo el tiempo que reinó este rey Motecuczuma, fue más estimado y reverenciado que sus pasados, porque tenía saber e industria y un semblante que le ayudaba no poco. Vino a ganar tanta autoridad que le adoraban casi lo mismo que a dios, y tenía tan en cuenta de ser estimado de la gente común que, cuando salía a vista, si alguno alzaba los ojos a mirarle, no le costaba menos que la vida. De ordinario estaba retirado saliendo muy pocas veces a vista del pueblo, sino era cuando iba a las huertas, y para esto tenía hechas unas calzadas, todas ellas con muros a los lados, para ir él por medio en hombros de señores, y fuera de estos que le llevaban, que eran los más principales, no iban otros con él, yendo toda la demás gente por fuera de los muros. Nunca ponía los pies en la tierra, sino que donde quiera que ponía el pie, o se paseaba, lo ponía sobre alfombras o cortinas de algodón. Jamás se puso un vestido dos veces, y así cada día estrenaba nuevos y diferentes. Todos estos vestidos y vajillas eran gajes y percances de sus criados y así estaban todos muy abundantemente provistos, de que se holgaba y gastaba mucho. Tenía en su palacio señalados particulares aposentos y salas, donde se recogían sus cortesanos, señalando a cada uno el lugar según su dignidad, y si algún hombre vulgar, o otro de menos dignidad que los caballeros, osaba entrar en los palacios de los ilustres, le castigaban gravísimamente por ello. Este puso en mucho orden las caballerías, haciendo órdenes como de comendadores para los que se señalaban en las guerras. Los más preeminentes de éstos eran los que tenían atada la corona del cabello con una cinta colorada con un plumaje muy rico, del cual colgaban unos ramales de pluma rica hacia las espaldas con unas borlas de lo mismo al cabo; eran tantas en número [como] cuantas hazañas cada uno había hecho. De esta orden de caballeros era el mismo rey. La figura de ellos es la misma que tiene puesta el rey Motecuczuma cuando lo coronaron. Había otra orden de caballeros que llamaban «los águilas»; otra que llamaban «los leones y tigres». De ordinario, eran éstos los esforzados que se señalaban en las guerras, los cuales salían en ellas siempre con estas insignias, cuyas figuras quedan puestas en las estampas de las guerras. Había otros como «caballeros pardos», que no eran de tanta cuenta como éstos, los cuales tenían unas coletas colgadas por encima de la oreja en redondo. Salían a las guerras con las [mismas] insignias que estos otros caballeros; pero armados solo el medio cuerpo de la cinta arriba, que en esto los distinguían de los más ilustres. Estos caballeros susodichos podían usar vestidos y palios de algodón ricos y labrados, joyas de oro y plata, vasos dorados y pintados, y calzados; la demás gente común no podía vestirse sino de ropas de nequén, que es como cañamazo, ni podían traer zapatos de ninguna manera, ni podían usar otros vasos sino de barro. A todo este género de gentes tenía situados en sus palacios reales, oficios, salas y aposentos con el orden que queda dicho, llamando al primero el aposento o sala de «los príncipes», al segundo el de «los águilas», al tercero de «los tigres y leones», al cuarto de «los caballeros pardos», etc., donde no osaba entrar otro sino los referidos, cada uno a su pertenencia. La demás gente común estaba en lo bajo, en aposentos conforme a los oficios que tenían.

Era tan celoso de que cumpliesen y guardasen sus leyes, que muchas veces se disfrazaba y, disimulando, andaba acechando a sus oficiales, y les echaba algunos de industria que les acometiesen con ruegos y cohechos, etc. Todo para ver si se descuidaban o dejaban vencer en algo, y si les cogía en algo de esto, los mandaba matar sin remedio. Era tan nimio en este caso, que, viniendo de las guerras, fingía que iba a. descansar a alguna de sus recreaciones, enviando delante a sus capitanes con los presos y despojos de la guerra [para] que entrasen en la ciudad, enviando a mandar a la ciudad [que hicieran] todas las ceremonias y solemnidades que se hacían en tales recibimientos. Y él, por ver si por no ir allí excedían algo de su mandato, se iba disfrazado a verlos entrar y considerar todo lo que pasaba, y si en algo excedían o faltaban los castigaba rigurosísimamente, aunque fuesen sus propios hermanos, porque en esto a nadie perdonó. Y no solo fue tan justo en hacer guardar sus leyes, [sino que también] fue muy valeroso y dichoso, así en victorias grandes que tuvo como en tener todo su reino tan pacífico, que no se osaba hombre no genzar contra lo que se tra era su voluntad.

Estando este gran señor en tan grave trono y pujanza, habiendo extendido sus reinos en todo este nuevo mundo, haciéndose temer, servir y adorar casi como a un dios y habiendo reinado catorce años con prosperidad y pujanza, le vino nueva de cómo habían aparecido en los puertos que tenía navíos con gente extraña. Precediendo antes de esto en algunos años grandes prodigios y señales, cual en esta tierra jamás se vieron. En este tiempo, anunció el ídolo Quetzalcoatl, dios de los cholultecas, la venida de gente extraña a poseer estos reinos. Asimismo, el rey de Tezcuco, que tenía pacto con el demonio, le vino a visitar a deshora, y le certificó que le habían dicho los dioses que se aparejaba a él y a todo su reino grandes trabajos y pérdidas. Muchos hechiceros y brujos decían lo mismo y ende delante de él, entre los cuales fue uno que le informó muy en particular de lo que después le sucedió, y, estándole hablando, advirtió que le faltaban los dedos pulgares de pies y manos. Espantado y entristecido de las cosas que le decían, hacía prender a todos estos hechiceros, mas en echándolos presos se desaparecían. Con estas cosas andaba tan melancólico, que no pudiéndose vengar de los hechiceros, hacía matar a sus mujeres y hijos, y destruir sus casas y haciendas.

De las señales y prodigios que entonces hubo, lo que las historias cuentan son los que se siguen. Dicen que viéndose Motecuczuma confuso con tantas señales y amenazas contra él y su reino quiso traer una grandísima piedra para hacer solemnes sacrificios en ella para aplacar a los dioses, yendo para traerla grandísimo número de gente con sus maromas y recaudo. Después de atada, queriéndola mover no había remedio, y porfiando a sacarla, quebrando muchas maromas muy gruesas, oyeron una voz que salía junto a ella, la cual decía «que no trabajasen en vano, porque no podían llevarla, porque ya el Señor de lo Criado no quería que se hiciesen más aquellas cosas». Lo cual, oyendo Motecuczuma, turbóse grandísimamente y mandó se hiciesen delante de la piedra grandes sacrificios. Tornó a sonar la voz, y dijo:

—«Ya os he dicho que es voluntad del Señor de lo Criado que no me llevéis. Y porque veáis que es así, yo me quiero dejar llevar un rato, y veréis con cuánta facilidad me movéis; pero no queriendo dejarme llevar, no bastará todo el mundo a moverme». En diciendo esto comenzaron a tirar y llevábanla con tanta facilidad como si fuera una cosa muy liviana; mas después se hizo reacia y no hubo fuerza humana que la moviese. Dicen que pasó esto dos o tres veces, y porfiando a traerla con grandes ruegos, se dejó llevar hasta una acequia grande, a la entrada de esta ciudad, donde se cayó y hundió, y entrándola a buscar no hallaron rastro de ella. Fueron otro día al puesto donde la habían sacado, donde la hallaron, de que quedaron muy admirados y tristes.

Asimismo, estando un indio labrador haciendo su sementera, el cual tenía fama de buen hombre, dicen que vino una grandísima águila volando hacia él, lo tomó en peso y llevólo sin lastimarle hacia una cierta cueva donde le metió. En entrando, dijo el águila:

—«Poderosísimo señor, ya traje a quien demandaste». El indio labrador, mirando a todas partes de la cueva por ver a quien hablaba el águila, no vio a nadie. Estando en esto oyó una voz, que le dijo:

—«¿Conoces a ese que está ahí delante tendido?» Él, mirando al suelo, vio a un hombre adormeciendo, muy vencido de sueño, con insignias reales, unas flores en la mano [y] con un pebete de olor ardiendo, según el uso de esta tierra, y, reconociéndole, vio que era el gran rey Motecuczuma. Respondió el labrador después de haberle mirado:

—«Gran señor, este parece a nuestro rey Motecuczuma». Tornó a sonar la voz, y díjole:

—«Tienes razón, él es, míralo cual dormido y descuidado está de los grandes males que han de venir sobre él. Ya es tiempo que pague las muchas ofensas que ha hecho a Dios y las tiranías de su gran soberbia. Está tan descuidado y tan ciego en sus miserias que ya no siente. Para experiencia de esto, toma este pebete que tiene en la mano ardiendo y pégaselo en el muslo. Verás como no lo siente». El pobre labrador, viendo que le mandaban quemar a un rey tan temido como si fuera dios, no osaba llegar. Tornó a decir la voz:

—«No temas, que yo soy sin comparación más que ese rey, que le puedo destruir y defenderte a ti. Por tanto, haz lo que te mando». Entonces, el labrador, tomando el pebete ardiendo de la mano del rey, lo pegó en el muslo y no se meneó. Hecho esto, le tornó a decir la voz: «que viese cuán dormido estaba aquel rey, que le fuese a despertar y le contase lo que pasaba». Y mandando al águila que le volviese como lo había traído, el águila tomó en peso al labrador y tornóle al lugar de do lo había traído. El día siguiente el labrador fuese al rey Motecuczuma y, contándole el caso, miróse el rey el muslo y vio que lo tenía quemado, que hasta entonces no lo había sentido ni advertido, de que quedó tristísimo y desconsolado.

También apareció en el cielo una llama de fuego grandísima y muy resplandeciente de figura piramidal como una grande hoguera, la cual comenzaba aparecer a la media noche, yendo subiendo [y] al amanecer, al tiempo que el Sol salía, llegaba ella al puesto del mediodía donde se desaparecía. Mostróse de esta suerte por espacio de un año y todas las veces que salía la gente daba grandes gritos y alaridos, entendiendo que era pronóstico de algún mal futuro.

También una vez súbitamente, sin haber lumbre en el templo ni fuera de él se encendió todo. Cuando comenzó a arder, parecía que las llamas salían de dentro de los mismos maderos, y esto fue sin haber trueno ni relámpago, ni otra cosa que lo pudiese causar. Cuando vieron esto las guardas del templo, comenzaron a dar voces para que viniesen en apagar el fuego y, aunque vino muchísima gente a apagarle con mucha agua, ninguna cosa aprovechó, antes dicen que con el agua ardía más. Finalmente, sin poderlo remediar ardió el templo hasta que se consumió.

Asimismo vieron salir un cometa siendo de día claro, la cual tenía tres cabezas con una cola muy larga. Corrió de poniente a oriente echando grandísimas centellas [y] causó grandísimo espanto y temor. También la gran laguna que está entre México y Tezcuco comenzó a hervir sin hacer aire ni temblor de tierra, ni otra ocasión alguna, creciendo a borbollones como un agua muy caliente, y creció tanto que todos los edificios que estaban cerca

de ella cayeron por el suelo. En este tiempo se oyeron de noche muchas veces, unas voces como de mujer muy angustiada, que, llorando, decía:
—«Oh hijos míos, ya ha llegado vuestra destrucción». Otras veces decía:
—«Oh hijos míos, ¿a dónde os llevaré para que no os acabéis de perder?»
Asimismo, los pescadores de este gran lago referido cazaron una ave del tamaño de una grulla, y del mismo color, pero de extraña hechura y nunca vista. Lleváronla a Motecuczuma, el cual estaba en los Palacios del Llanto y Luto, que ellos llamaban «Palacios teñidos de negro», que como tenía palacios alegres y ricamente ataviados para su recreación y pasatiempos, tenía, asimismo, palacios de llanto y penitencia, donde se recogía. Y así, con el espanto de estas novedades, estaba allí recogido, haciendo penitencia. Llegaron los pescadores adonde estaba, a mediodía en punto, y pusiéronle delante aquella ave, la cual tenía en medio de la cabeza una cosa transparente y lucida como un espejo, donde vio que se parecían los cielos y las estrellas, de que quedó muy espantado el rey Motecuczuma, y poniéndose a mirar el cielo vio que no había memoria de estrellas por ser mediodía. Tornando a mirar a la cabeza de la ave, vio que aparecían en aquel espejo gentes de guerra muy armadas, que venían de oriente a esta tierra, peleando y matando. Mandó llamar luego a los agoreros, que había muchos, para que viesen aquello y le dijesen lo que significaba; pero, venidos, los agoreros quedaron no menos admirados que él. Y así, se rindieron, diciéndole que no entendían aquella gran maravilla. Estando en esta disputa desapareció el ave, con que causó grandísima turbación al rey y a todos los que presentes estaban. También en estos tiempos aparecían muchos monstruos con dos cabezas y otras formas extrañas, que llevándolos delante del rey luego se desaparecían. Estaba con todas estas cosas este gran rey y todo su reino con tanta apretura y presura que parecía que venía el fin del mundo sobre ellos.

En esta coyuntura, aparecieron navíos en la costa del Mar Océano, donde desembarcó gente de España. Los mayordomos y capitanes de Motecuczuma que habitaban en aquellas costas que ahora se llaman de la Veracruz, se juntaron y trataron entre sí que sería bien ir a dar esta nueva a su señor Motecuczuma a la gran ciudad de México; mas el principal de ellos dijo:
—«Para que podamos dar más cierta y entera relación a nuestro rey, paréceme que vayamos hacia ellos y veamos por nuestros ojos todo lo que

pasa, con título de venderles algunas cosas de las que ellos han menester». Parecióles a todos buen medio éste, y así, luego, tomaron cosas de comer y vestir y, poniéndolas en unos barquillos que aquí llaman canoas fueron a los navíos enderezando hacia la capitana por el estandarte que en ella vieron. En llegando a ella hicieron sus señales dándoles a entender que venían de paz a venderles cosas de comer y vestir. Los españoles los subieron al navío, donde les hicieron muchas preguntas diciéndoles de dónde eran y cómo se llamaba su rey. Respondieron ellos que eran mexicanos, y que su rey era el gran Motecuczuma. Desenvolvieron los fardos que llevaban de comidas y ropas, ricamente labradas, las cuales parecían bien a los españoles y así se las compraron, dándoles por ellas sartales de piedras falsas, coloradas, verdes, azules y amarillas, y como a los indios les parecieron piedras preciosas, tomáronlas y diéronles la ropa. Despidiéronles los españoles diciéndoles:

—«Id con Dios y llevad estas piedras a vuestro señor y decidle que no podemos ahora irle a ver a la ciudad de México, que presto volveremos por acá». Con este recaudo se apartaron los indios de los navíos, y confiriendo entre sí las cosas que habían visto, el talle, manera, y costumbres de los españoles, y navíos, lo pintaron todo [y lo] trajeron ante su gran señor Motecuczuma. Contándole todo el caso le dieron las piedras que habían rescatado de los españoles. Sobresaltóse grandemente el rey con estas nuevas y mandó a los mensajeros que descansasen y aguardasen la respuesta, no diciendo nada de lo que habían visto y traído. Estuvo aquel día el rey muy pensativo y al día siguiente hizo juntar a toda su corte y, dándoles cuenta del negocio, mostróles las preseas que los capitanes habían traído [y] pidióles parecer y consejo de lo que había de hacer en el caso. Al fin, determinaron que se diese aviso a las guardas de todas aquellas costas, que velasen con gran diligencia de noche y de día puestos en sus atalayas, para que en viendo algún rastro de navíos, luego trajesen la nueva al gran rey Motecuczuma. Lo cual hicieron con gran diligencia todo un año, al cabo del cual (que fue entrante el año de 1518) vieron avanzar por la mar la flota en que vino el marqués don Hernando Cortés con sus capitanes, que fueron los que ganaron esta tierra.

En descubriéndolos, vinieron a gran prisa y con mucha brevedad a dar noticia al gran Motecuczuma de la venida de la flota, dándole cuenta de todas las cosas en particular. Turbóse el rey con esta nueva y, juntando su consejo, propúsoles el negocio y advirtiendo todos en las señas y nuevas que le daban de los españoles dijeron que sin falta era venido su gran emperador Quetzalcoatl, que había mucho tiempo que era ido por la mar adelante, hacia donde nació el Sol, el cual dejó dicho que por tiempos había de volver, que lo fuesen a recibir y llevasen presentes de toda la riqueza de esta tierra, pues era suya y su imperio. Y porque esto mejor se entienda es de advertir que hubo en esta tierra en tiempos pasados, un hombre que, según la relación que hay de él, fue un hombre santísimo, tanto que muchos testifican que fue algún santo que aportó a esta tierra a anunciar el Santo Evangelio, porque sus ayunos, penitencias, vigilias y amonestaciones contra todos los vicios reprendiéndoles gravemente, exhortando a la virtud, no era menos que de hombre evangélico. Y más, que se asegura que no fue idólatra, antes abominaba y contradecía los ídolos y malos ritos y ceremonias que tenían, por cuya causa dicen que le persiguieron grandemente, hasta que le fue necesario partirse de la tierra por la mar, dejando dicho que volvería él con otros que tomasen venganza de las maldades que contra Dios en esta tierra se hacían. Dicen asimismo, de él que era oficial muy primo de esculpir imágenes, y que dejó en cierto lugar esculpido un crucifijo, el cual afirman los españoles que le han visto, y que dejó en esta tierra un libro a manera de misal, el cual nunca jamás se ha podido descubrir por mucha diligencia que han puesto muchos religiosos en ello. —Entiéndese que era la Biblia— Tenían a este hombre en grandísima veneración, porque dicen que hizo milagros y su virtud era tanta que le tenían por más que humano.

Y así decían que éste era el señor y emperador de toda esta tierra enviado por Dios. De éste dicen que tomaron muchas ceremonias, que conforman con la ley evangélica, que en esta tierra usaban, y los altares en que ponían a los ídolos, que eran como los nuestros. Por esto, entienden muchos que era algún ministro del Santo Evangelio y persuádense más a esto los que encontraron en un pueblo que está junto a la mar en esta tierra, un cuero curtido muy antiguo donde estaban figurados todos los misterios de nuestra fe, sin faltar ninguno en figuras de indios, aunque con muchos yerros. Dicen, asimismo, que tenía éste discípulos que instruía en su mismo modo de proceder, los cuales, asimismo, hacían milagros, ejercitándose en su mismo oficio de escultor, por cuya causa los llamaban toltecas, que quiere decir «gente diestra en alguna arte mecánica». Llamaban a éste con tres nombres, que eran de dioses y de estima, el primero era Topiltzin, el segundo Quetzalcoatl (como queda dicho), el tercero era Papa. Entre las pinturas que se hallan de su efigie, le pintan con una tiara de tres coronas, como la de nuestro muy Santo Padre el Sumo Pontífice. Y como tenían noticia de lo que dejó dicho de su vuelta y vieron venir la flota por la parte que él se fue, tuvieron por cierto todos que era el mismo, y que volvía a su reino, y así determinaron de irle a recibir como a su señor, según queda dicho.

Eligieron para esto los cinco más hábiles que entre los principales había, los cuales partiéndose de México, fueron con grandes riquezas a este recibimiento, y llegando a la nao capitana, donde estaba el capitán Hernando, los tres dieron su embajada diciendo que iban a buscar a su gran señor Quezalcohuatl, por otro nombre Topiltzin, el cual sabían que era venido. Entendieron en esta embajada los españoles, por medio de una mujer que allí venía, llamada Marina, que entendía la lengua de esta tierra. Se puso el capitán Hernando Cortés con mucha autoridad e hicieron entrar a los mensajeros de Motecuczuma, diciéndoles que allí estaba el que buscaban, y así entrando en su presencia le hicieron su acatamiento diciéndole que su siervo Motecuczuma, teniente de sus reinos, le enviaba a visitar con aquellos dones, y que fuese muy bien venido. Ataviándole con, algunas de aquellas ropas, las más ricas, le dijeron:

—«Vístete, señor, de las ropas que antiguamente usabas, cuando andabas entre nosotros como dios y rey nuestro». Recibiólos el capitán Hernando Cortés con mucha benevolencia [y] mandándolos aposentar y tratar muy bien, dándoles de las comidas de Castilla. Vinieron los españoles de los demás navíos a ver la gente y el presente, y dieron entre sí una traza bien impertinente, que antes dañó que aprovechó, porque determinaron el día siguiente de espantar a los pobres indios disparando la artillería, de que los pobres quedaron muy espantados, como gente que no había visto cosa semejante. Asimismo, les desafiaron uno a uno para que peleasen con ellos, y como lo rehusaban, demostrándoles con palabras afrentosas y, mostrándoles muchas armas que traían y perros ferocísimos de ayuda, dijéronles que habían de ir a México, y con aquellas armas y perros los habían de destruir, matar y robar sus haciendas. Despidieron a los pobres tan escandalizados y temerosos que ya todos se persuadían que no era aquel señor que esperaban, sino algún cruel enemigo suyo, el cual allí venía con aquella gente tan feroz.

Vinieron muy desconsolados a dar las nuevas a su rey, al cual hallaron en la casa de la judicatura, que era donde se ponía a oír semejantes recaudos, y antes que los oyese hizo allí degollar y sacrificar esclavos [pues], usaban de esta ceremonia cuando alguna embajada de gran importancia venía, y rociando con la sangre de ellos a los embajadores. Dijeron al rey todo lo que les había acontecido, dándole señas de todo, especialmente de los navíos, diciéndole que habían visto unas casas de madera muy grandes y artificiosas, con muchos aposentos por dentro, que andaban por la mar en que venían estos feroces dioses. Oída la embajada, el rey quedó muy espantado y casi sin aliento. Mandó luego juntar a toda su corte a consejo y, proponiéndoles la triste nueva, pidióles el remedio para que [a] estos dioses enemigos que les venían a destruir los echasen de su tierra. Confiriendo del negocio prolijamente, como tan grave caso requería, determinóse que mandasen llamar a todos los hechiceros y sabios nigrománticos que tenían pacto con el demonio, y que estos diesen el primer acometimiento, inventando con sus artes cosas muy espantables con que los hiciesen volver a su tierra y retirarse de temor. Este medio les solía ser provechoso en muchos casos y así lo intentaron. Vinieron los encantadores ante el consistorio y proponiéndoles el caso el rey muy vivamente y con muchas veras, ellos admitieron la empresa, yendo a poner en ejecución su intento. Iban muy gozosos teniendo por cierta la victoria, mas de que llegaron adonde habían de hacer su hecho, no pudieron empecerles, por permisión divina con cosa alguna. De lo cual, muy confusos y desconsolados, volvieron con la nueva al rey, diciéndole que aquellos eran dioses muy fuertes, porque no les podía empecer cosa alguna. Lo cual, oído por el rey determinó [éste] que los recibiesen en paz, dándoles todo lo necesario, etc., y mandando a sus presidentes y gobernadores de república que con mucha diligencia y cuidado proveyesen y sirviesen todo lo que quisiesen a los dioses celestiales que habían llegado. Se hizo con gran diligencia, y en el ínterin el gran rey Motecuczuma con toda su corte estaba muy triste y lloroso. Por las calles y plazas había muchos corrillos de gentes que trataban del caso. Chicos y grandes andaban llorando, teniendo tragada ya la muerte y esperando otros grandes males. Con esta consideración, los padres y las madres lloraban con sus hijos y hijas diciendo «que qué había de ser de ellos», haciendo lo mismo los vecinos y amigos unos con otros. Finalmente, todos andaban cabizbajos pensativos y muy melancólicos. Iban y venían muchos mensajeros cada día a dar noticia al gran rey Motecuczuma de todo lo que pasaba, diciéndole cómo los españoles preguntaban mucho por él pidiendo señas de su persona, modo de proceder y cara. De esto se angustiaba grandemente, vacilando qué haría de sí, si se huiría o se escondería, o se esperaría, porque esperaba grandísimos males y afrentas sobre sí y todo su reino. Comunicó esto con sus principales, juntamente con los encantadores y nigrománticos, cuyo parecer fue que se escondiese en uno de los lugares que ellos le dijesen, donde estaría bien seguro. Si quería ir a la casa del Sol, al Paraíso terrenal, al infierno, o a otro lugar muy secreto no muy lejos de la ciudad ellos le guiarían y meterían en cualquiera de estas partes. Habíase inclinado el rey a esconderse; pero mirando que era flaqueza de corazón y ánimo, determinó antes esperar y morir varonilmente, que no hacer tal poquedad, que ponía mácula de cobardía en su persona real. Y así se estuvo quedo, mudándose de las casas reales a otras suyas propias para aposentar a los dioses (como ellos decían). Comenzó el marqués a marchar para la ciudad de México, sacando primero todo el bagaje de los navíos a los cuales hizo dar barreno y hundirlos en la mar, para que sus soldados no tuviesen esperanza de volver atrás. Hecho famosísimo y de ánimo invencible que admiró a todos grandemente. Venían todos a punto de guerra [y] veníalos guiando un mexicano el cual los llevó a términos del Tlaxcalan, donde estaba un gran escuadrón de gente fiera y belicosa, que siempre estaban allí, para guarda del rey de Tlaxcala. Eran estos tan esforzados y tan animosos, que antes se dejaban hacer pedazos que rendirse ni volver atrás. La guía metió por allí a los españoles para que aquellos otomíes los destruyesen y acabasen, y así en viendo a los españoles se pusieron en arma contra ellos y, como ignorantes de la ligereza y velocidad de los caballeros y [de] la fuerza de la artillería y diversas armas que los españoles traían, metiéndose los pobres con tanto ánimo entre ellos, que [los españoles] comenzaron a hacer gran matanza en los pobres soldados de Tlaxcala. Como iban desnudos [y] con arcos y flechas y otras armas, no podían ofender mucho a los españoles armados, y aunque veían el destrozo que en ellos se hacía, presumían de tan animosos que nunca jamás volvieron atrás. Y así, quedaron allí todos muertos. Dentro de dos horas fue la nueva a los de Tlaxcala, [los cuales] viendo que en quien confiaban y toda la fuerza de su reino había muerto de aquella manera, temieron grandemente y determinaron de hacer amistades con los españoles y recibirlos de paz. El día siguiente, yendo el capitán Hernando Cortés con todo su ejército hacia la gran ciudad de Tlaxcala, le salieron al encuentro todos los principales muy bien ataviados, de paz, sin ninguna señal de guerra, y recibiéronle con grande fiesta y solemnidad, ofreciéndole grandes dones y presentes, pidiéndole su amistad. El capitán Don Hernando Cortés los recibió muy benignamente, mostrándoseles muy amigo, ofreciéndoles él también la amistad de todo su ejército, y con esta consideración y contento, fuéronse todos juntos a la ciudad de Tlaxcala, donde fueron muy regalados y bien tratados. El día siguiente fueron todos los principales de Tlaxcallan a visitar al Marqués, y pidiéronle que confirmase las amistades que les había prometido. Él las confirmó allí, perpetuando paces los unos con los otros, y ayudándose siempre en todos sus sucesos. Regalólos mucho el Capitán diciéndoles:

—«Vosotros sois mis hermanos. Los que fuesen vuestros enemigos también lo serán míos, y así yo os vengaré de ellos». Después de lo cual el Capitán comenzó a preguntar a los señores tlaxcaltecas por la ciudad de México y por la distancia que de allí había hasta ella. Respondiéndole que no era muy lejos, que estaría [a] tres días de camino, que era muy gran ciudad, que los que la habitaban eran muy valientes y belicosos, y que el rey que los regía era muy esforzado, sabio, prudente y avisado; pero que eran muy grandes tiranos. Esto dijeron los de Tlaxcallan porque los mexicanos eran sus enemigos, añadiendo que los de Cholula, que eran sus vecinos, también eran sus adversarios por ser amigos de los mexicanos. Díjoles entonces el capitán que no tuviesen pena, que él los vengaría de ellos, y porque viesen que aquello era verdad, les dijo que se pusiesen luego a punto de guerra, que iban todos contra los que eran sus enemigos.

Dentro de pocos días se pusieron los de Tlaxcallan a punto de guerra, juntándoseles los de Cempohuallan, provincia muy populosa, y comenzaron a marchar hacia Cholula con los españoles. En llegando a la ciudad dieron un pregón de parte del capitán Don Hernando Cortés [para] que todos los principales de Cholula se juntasen en el patio del templo mayor, que era muy grande, y desde que estuvo lleno de gente, pusiéronse los españoles a las entradas del patio, que comúnmente eran tres, a Occidente, a Mediodía y hacia el Norte. Entraron luego los de a caballo por las tres puertas y comenzaron a alancearlos, haciendo allí gran matanza de aquellos pobres, por cuya causa todo el pueblo dio a huir desamparando la ciudad, y esta nueva fue luego a Motecuczuma. Comenzaron a marchar los españoles hacia México, llevando consigo a los de Tlaxcallan y Cempohuallan, con los cuales iba un ejército espantoso. Sabiendo el rey Motecuczuma cuán mal habían tratado a los suyos, y la gente que iba contra él, comenzó a temer grandemente él y toda su gente, temblando como azogados. Imaginando Motecuczuma que en viéndole a él y a los suyos, le tratarían de aquella suerte, quiso hacer la experiencia y, así, envió un principal suyo que se le parecía un poco, vestido de sus ropas, a recibir a los españoles con mucho aparato de principales, criados y grandes presentes. Antes que allá llegase entendieron el bajo porque avisaron al capitán. En llegando ante él el fingido rey, recibióle muy benignamente y preguntóle que quién era. Díjole que su siervo el rey de México Motecuczuma. Entonces, sonriéndose, el capitán volvióse a los de Tlaxcala y preguntóles si era aquel el rey de México. Ellos le dijeron que no, porque muy bien le conocían y aun [a] aquel principal que se fingía ser Motecuczuma, que no se decía sino Tzihuacpopoca. El Capitán le reprendió por sus intérpretes por la ficción que había hecho, y él se volvió avergonzado y confuso a Motecuczuma, a quien contó lo que había pasado, y cómo quedaban indignados los españoles por la burla que les quiso hacer.

Quedó con esto más atemorizado Motecuczuma, y así no cesaba de buscar remedios para escapar de las manos de los españoles. Imaginó hacer otra diligencia para que los españoles no llegasen a México, y fue que juntó todos sus principales y más sabios hechiceros, agoreros y nigrománticos para que fuesen a hacer sus encantaciones mejor que los primeros. A los cuales encargó que hiciesen todo su poder, y echasen el resto de su ciencia para espantar a los españoles porque no llegasen a su ciudad. Partieron los hechiceros muy confiados que saldrían con aquella empresa y bien amedrentados con las amenazas que les hizo Motecuczuma si no salían con ello. Fueron hacia la parte de donde venían los españoles y, subiendo por una cuesta arriba, aparecióseles Tezcatlipuca, uno de sus principales dioses, que venía de hacia el real de los españoles en hábito de un hombre de los de aquella provincia de Chalco, donde fue este aparecimiento. Venía como fuera de sí, y como hombre embriagado, no de vino sino de furor y rabia que consigo traía. Cuando hubo llegado junto al escuadrón de nigrománticos y hechiceros que iban, [que] traían ceñidos los pechos con ocho vueltas de una soga de esparto, paróse, comenzó a reñirles a grandes voces, díjoles con gran enojo:

—«¿Para qué volvéis vosotros de nuevo acá? ¿Qué es lo que Motecuczuma pretende hacer contra los españoles por vuestro medio? Tarde ha vuelto sobre sí, que ya está determinado de quitarle su reino, su honra y cuanto tiene, por las grandes tiranías que ha cometido contra sus vasallos. No ha regido como señor, sino como tirano y traidor». Los hechiceros y encantadores en oyendo estas palabras, humildes los unos y los otros comenzaron a hacer un altar de piedras y tierra, cubriéndole con yerbas y flores de las que por allí hallaron; pero él no hizo caso de este regalo, antes comenzó a reñirles con más furia, e injuriarlos con más altas voces diciéndoles:

—«¿A qué habéis venido aquí, traidores? No tenéis remedio. Volveos y mirad hacia México. Veréis lo que ha de venir sobre ella antes de muchos días». Los nigrománticos volvieron a mirar hacia la ciudad de México y viéronla arder toda en vivas llamas. Con aquella visión les representó este ídolo la guerra y destrucción de este reino. En mostrándoles esto el ídolo desapareció luego, quedando los hechiceros con tanto desconsuelo que de pena no podían hablar. Habiendo pasado algún espacio el principal de ellos comenzó a hablar, diciendo:

—«No somos nosotros dignos de ver este prodigio; más convenía que le viera Motecuczuma, pues éste que nos ha aparecido es el dios Tezcatlipuca». No osando pasar los nigrománticos adelante con su intento, volviéronse a dar la nueva al rey Motecuczuma, el cual oyéndola quedó tan triste que por un buen rato quedó enmudecido y pensativo mirando al suelo. Pasado aquel accidente dijo:

—«¿Pues qué hemos de hacer, si los dioses y sus amigos nos desfavorecen y prosperan a nuestros enemigos? Ya yo estoy conforme. Determinémonos todos de poner el pecho a cuanto se ofreciere. No nos habremos de esconder, ni huir, ni mostrar cobardía. No pensemos que la gloria mexicana ha de faltar aquí. Compadézcome de los viejos y viejas, de los niños y niñas, que no tienen pies ni manos para defenderse». Y diciendo esto, calló, porque se comenzaba a enternecer.

Veníase ya acercando el capitán don Hernando Cortés con toda su gente y en el camino los de Tlaxcala iban persuadiendo a todos [para] que se confederasen con los españoles y negasen a Motecuczuma y a los mexicanos, acordándose de los agravios y servidumbres en que los había puesto, y que ahora sería castigado Motecuczuma y los suyos por el capitán Don Hernando Cortés. Con estas y otras razones persuadieron a toda la tierra de tal manera, que se hicieron al bando de los españoles. Y, así venían el capitán Don Hernando Cortés cercado de toda la tierra. En llegando a la primera entrada de la gran ciudad de México, como un cuarto de legua de las casas reales, salió a recibirle el gran señor Motecuczuma en hombros de cuatro señores, que en sus cabezas iba armado un palio riquísimo de pluma y oro, debajo del cual iba sentado este gran rey. Bajóse cuando encontró con el capitán Don Hernando Cortés, a quien hizo una plática dándole la bienvenida, muy elegante y cortesanamente, ofreciéndole muchas preseas ricas de oro y piedras preciosas, y plumajería de diversos colores, con muchas rosas y flores que hizo dar a los que venían con el capitán. El cual recibió al gran señor Motecuczuma con mucha reverencia y benevolencia, respondiéndole a su plática con muy admirables palabras, quitándole el temor y asegurándole que ningún daño recibiría en su persona ni en su reino, y que él le informaría de la causa dé su venida más despacio. Con esto, el gran Motecuczuma, por el mismo orden que vino, se volvió con el capitán Don Hernando Cortés, al cual y a los suyos mandó que aposentasen en las casas reales, donde se les dio muy buen recaudo a cada uno, según las calidades de las diversas gentes que iban con el capitán. Este día y la noche siguiente jugaron el artillería por la alegría de haber llegado a la gran ciudad de México. Como los indios no estaban acostumbrados a oír artillería, recibieron gran temor y alteración toda la noche. El día siguiente, el capitán Don Hernando Cortés hizo juntar a Motecuczuma, a sus principales y a la gente de Tlaxcala, Cempohualan, etc., en una pieza que en la casa había muy a propósito para esto, y allí, con mucha autoridad, sentado en una silla, les habló a todos, diciéndoles de esta manera:

—«Señores, hermanos y amigos míos: sabed que yo y mis hermanos, los españoles que aquí estamos, hemos venido de hacia el Oriente, de do somos naturales. Nuestra tierra se llama España [y] es un reino muy grande y de gente valeroso y fuerte. Tenemos un gran señor, que es nuestro rey y emperador, el cual se llama Carlos, quinto de este nombre. Con su licencia andamos discurriendo por todas estas tierras occidentales y, entrados en esta nueva tierra, venimos a ver al rey de nuestros hermanos y amigos los de Tlaxcala, los cuales nos recibieron con mucha humanidad, haciendo con nosotros amistad y hermandad, y después de otras cosas y buenos tratamientos, se nos quejaron de que vosotros, los mexicanos, les hacéis grandes agravios y daños, y les dais guerras muy continuas, de manera que nunca gozan de paz ni de la seguridad de sus personas, tierras y haciendas, sino que siempre los ponéis en grandes trabajos. Habiendo oído esto, yo y mis hermanos, los españoles, juntamente con ellos hemos venido a vuestra ciudad para saber de ambas partes quién tiene la culpa de estos daños y desasosiegos, pues queremos poner remedio en ello, y que viváis en paz y que os tratéis como hermanos y prójimos. Hasta saber esto y hacer esta consideración, estaremos aquí con vosotros como con señores y amigos, lo cual se irá haciendo poco a poco, sin ningún alboroto ni maltratamiento de los unos ni de los otros». Hizo el ilustre capitán por sus intérpretes que todos entendiesen muy bien esta plática tan católica. Habiéndole entendido todos dieron gracias a Dios, viendo que venía con tan buenos propósitos y sana intención, y consolándose todos, se holgaron muchos de su venida.

Habría quedado el negocio de los españoles muy bien puesto este día, si los soldados españoles refrenaran un poco la mucha codicia que traían de riquezas, la cual les impedía tanto que no les dejaba sosegar para tener una poca de paciencia en aguardar [las] felicísimas coyunturas que se ofrecieron para entregarse de paz toda esta tierra. Porque acabada de hacer esta plática el buen capitán don Hernando Cortés, los soldados saquearon las casas reales, y las demás principales donde sentían que había riquezas, por cuya causa tomaron vehemente sospecha de que el trato de los españoles era doble. Y así, los indios de temor, comenzaron a ausentarse, y a faltar en acudir a lo necesario para los españoles, [quienes] comenzaban a padecer hambre, especialmente los caballos y perros de ayuda qué traían consigo, que eran muchos, muy feroces y diestros en la guerra. Llegó a tanto que fue necesario fuesen los indios amigos a buscar con algunos mexicanos bastimentos. En este tiempo, recelándose el marqués no resultase de esto algún incoveniente prendió al gran rey Motecuczuma, poniéndole con grillos y a buen recaudo en las casas reales junto a su mismo aposento, y [a] otros grandes y principales con él. En esta coyuntura tuvo por nueva el capitán don Hernando Cortés que habían llegado navíos al puerto de la Veracruz, donde venía gran copia de soldados españoles, cuyo capitán era Pánfilo de Narváez, el cual venía contra el valeroso don Hernando Cortés con intención de prenderle, y hacer él la conquista en nombre del gobernador de la isla Española. Y así, le fue forzoso dividir su gente. Dejando parte de ella en la gran ciudad de México encomendada al gran capitán Alvarado, él se partió con la demás a la Veracruz, y diose tan buena maña que en desembarcando el capitán Narváez, le prendió y envió preso a Santo Domingo, y toda la gente que venía con él se hizo al bando de don Hernando Cortés.

Mientras él acudía de esto, pidió el capitán Alvarado a los principales de la ciudad de México que hiciesen un muy solemne baile a su modo, porque deseaban verlos, diciendo al gran Motecuczuma que se lo mandase. Lo cual hizo el rey por deseo de dar contento a los españoles y ellos [por] obedecer a su señor. Salió toda la flor de la caballería a este baile, todos ricamente ataviados y tan lucidos que era contento verlos. Estando los pobres muy descuidados, desarmados y sin recelo de guerra, movidos los españoles de no sé qué antojo (o como algunos dicen) por codicia de las riquezas de los atavíos, tomaron los soldados las puertas del patio donde bailaban los desdichados mexicanos y, entrando otros al mismo patio, comenzaron a alancear y herir cruelmente aquella pobre gente. Lo primero que hicieron fue cortar las manos y las cabezas de los tañedores y, luego, comenzaron a cortar en aquella pobre gente sin ninguna piedad cabezas, piernas y brazos, y a desbarrigar sin temor de Dios. [Murieron casi todos], unos hendidas las cabezas, otros cortados por medio, otros atravesados y barrenados por los costados. Unos caían luego muertos, otros llevaban las tripas arrastrando huyendo hasta caer. A los que acudían a las puertas para salir de allí los mataban los que guardaban las puertas. Algunos saltaron las paredes del patio, otros se subieron al templo y otros no hallando otro remedio, echábanse entre los cuerpos muertos y se fingían ya difuntos, y de esta manera escaparon algunos. fue tan grande el derramamiento de sangre que corrían arroyos por el patio. No contentos con esto, los españoles andaban a buscar los que se subieron al templo y los que se habían escondido entre los muertos, matando a cuantos podían haber a las manos. Estaba el patio con tan gran lodo de intestinos y sangre que era cosa espantosa y de gran lástima ver tratar así la flor de la nobleza mexicana, que allí falleció casi toda. Viendo tan gran crueldad, la gente popular comenzó a dar voces y gritos, diciendo «¡arma, arma!». Acudió a la demanda muchísima gente, que no quedó persona que estuviese con ellos, unos con arcos y saetas, otros con dardos y fisgas de muchas maneras, otros con rodelas y espadas al modo que ellos las usaban, que eran unos garrotes de hechura de espada con los filos de navaja de cuatro dedos de ancho, tan cortadoras que afirman todas las historias que hubo hombre que con una de estas cercenó el cuello a un caballo. Con este gran recaudo de armas, y mayor coraje y rabia, comenzaron a pelear con los españoles con tal furia que los hicieron retraer a las casas reales, donde estaban aposentados. Tuviéronlos allí arrinconados de tal suerte que fue menester todo su poder e industria para defender la fuerza y el muro que tenían. Algunos dijeron que entonces echaron los grillos a Motecuczuma, pero lo más cierto es lo que queda referido. Después que tuvieron arrinconados a los españoles se ocuparon en hacer las obsequias a los difuntos con grandísima solemnidad, haciendo gran llanto con voces y alaridos, porque, como queda ya dicho, murió allí la mejor gente de la tierra. Hechas las obsequias, tornaron a dar sobre los españoles cercados tan furiosamente, que de temor hicieron que subiese el rey Motecuczuma a una azotea de las casas reales con un principal de los presos a decirles que se sosegasen, porque no podrían prevalecer contra los españoles, pues veían a su señor preso con grillos, y subido arriba. Iban con ellos dos soldados españoles con unas rodelas, amparándolos con ellas de las piedras y flechas que eran infinitas. En viendo los mexicanos al rey Motecuczuma en la azotea haciendo cierta señal, cesó el alarido de la gente poniendo todos gran silencio para escuchar lo que quería decir. Entonces, el principal que llevaba consigo alzó la voz y dijo las palabras que quedan ya dichas. Apenas había acabado, cuando un animoso capitán llamado Cuauhtemoc de edad de dieciocho años, que ya le querían elegir por rey, dijo en alta voz:

—«¿Qué es lo que dice ese bellaco de Motecuczuma, mujer de los españoles, que tal se puede llamar, pues con ánimo mujeril se entregó a ellos de puro miedo y asegurándose nos ha puesto todos en este trabajo? No le queremos obedecer, porque ya no es nuestro rey, y como a vil hombre le hemos de dar el castigo y pago». En diciendo esto, alzó el brazo y marcando hacia él disparóle muchas flechas; lo mismo hizo todo el ejército. Dicen algunos que entonces dieron una pedrada a Motecuczuma en la frente, de que murió; pero no es cierto, según lo afirman todos los indios. Su fin fue como adelante se dirá. Bajóse entonces el rey Motecuczuma muy triste y desconsolado. Prosiguieron los mexicanos con su guerra porfiadamente, [y] tuvieron cercados ocho días a los españoles. En este tiempo hubo tanta vigilancia y guarda que no les pudo [menos que] entrar sed de agua [y] de bastimentos. Si alguno, por mandado de Motecuczuma, se atrevía a querer llevarle alguna cosa a escondidas, luego le mataban. Estaban ya los españoles a punto de perecer, y aunque ellos desde dentro disparaban la artillería, ballestas, etc., con que hacían mucho daño en los indios, no por eso desmayaban, ni se espantaban.

En este tiempo intentaron los españoles enviar mensajeros al gran capitán Don Hernando Cortés para que los viniese a socorrer; pero todos caían en manos de los mexicanos y los mataban. Al fin quiso Dios que uno escapase y llegó a dar la nueva al valeroso don Hernando Cortés, el cual venía ya cerca. Llegó a una coyuntura que los indios estaban descansando de la refriega pasada, que acostumbraban en las guerras descansar de cuatro en cuatro días. Entró el esforzado capitán por la ciudad de México con la gente que traía, alegrándose en gran manera los compañeros que estaban opresos jugando la artillería de contento. Llegados que fueron a aquella pujanza, no por eso desmayaron los indios y así porfiaron con su intento, que pusieron en riesgo a los españoles, de tal manera que determinó el valeroso don Hernando Cortés salirse a media noche con toda su gente, estando más descuidada la ciudad. Llegando la hora para efectuar su intento, comenzaron a salir todos con gran secreto, llevando puentes levadizos de madera que habían hecho para pasar las acequias y fosos que les habían puesto. Los más codiciosos del ejército no queriendo dejar el oro y plata que habían robado, se ocuparon en hacer baúles para llevarlo consigo, y al tiempo que comenzó a caminar don Hernando Cortés unos se quedaron algo atrás para llevar su oro y plata, y otros en palacio real aliñándolo. En este tiempo, había ya pasado el gran capitán con los que iban más aliviados de carga una acequia de las que más temían y, yendo a emparejar con la segunda que había de pasar, fueron sentidos de una india que iba allí por agua y de un indio que, acaso, a aquella hora subió a la azotea de su casa. Estos comenzaron a dar voces y apellidar que se huían sus enemigos mortales. Entonces, cobrando nuevo ánimo el ejército mexicano salió en seguimiento de ellos con tanta furia y coraje que comenzaron a hacer gran daño por todas partes a los españoles, y matanza en los pobres tlaxcaltecas y los demás amigos de los españoles. Con turbación y temor, los que habían ya pasado de aquel paso con el capitán don Hernando Cortés comenzaron a huir, y los miserables que quedaban cargados de oro y riquezas cayeron en aquel hoyo, tantos [cayeron] que le hinchieron, sirviendo de puente para que otros pasasen. [A] los miserables que se habían detenido en las casas reales por codicia de no dejar los despojos, los cogieron a unos en la plaza, y a otros dentro. Dicen que murieron en la hoya trescientos hombres españoles sin los que cogieron en la ciudad y casas reales, los cuales fueron cerca de cuarenta, que los sacrificaron delante de su ídolo, sacándoles el corazón. Yendo a buscar al gran rey Motecuczuma dicen que le hallaron muerto a puñaladas, que le mataron los españoles a él y a los demás principales que tenían consigo la noche que se huyeron. Este fue el desastrado y afrentoso fin de aquel desdichado rey, tan temido y adorado como si fuera dios. Dicen que pidió el bautismo y se convirtió a la verdad del Santo Evangelio y [que] aunque venía allí un clérigo sacerdote, entienden que se ocupó más en buscar riquezas con los soldados, que en catequizar al pobre rey, que tuvo tan desventurado fin a cabo de haber reinado quince años, donde feneció el gran imperio y señorío de los famosos mexicanos.

No quisieron hacer obsequias ni ninguna honra a este miserable rey, antes al que trataba de ello, le denostaban y afrentaban. De lástima, un mayordomo suyo, él solo, sin más aparato, le quemó y tomando sus cenizas en una olluela la enterró en un lugar harto desechado. En esto vino a parar aquel de quien temblaba todo este mundo. Y los españoles pagaron sus crueldades y desafueros como queda dicho, que certifican que por permisión divina y justo juicio suyo murieron los más malos, y los demás que quedaron eran los mejores y más piadosos, los cuales escaparon con grandísimo peligro hasta llegar a Tlaxcala, donde fueron amparados. Desde allí, favoreciéndolos Dios nuestro señor con manifiestos milagros, vinieron a término de que se hizo toda la tierra de su bando contra los mexicanos, permitiéndolo así la Divina Providencia para que entrase en esta tierra por este medio la luz de su santo Evangelio.

Porque como todo lo pasado se ha hecho larga mención de los bailes con que celebraban los reyes sus fiestas, donde ellos muchas veces salían en persona, será bien decir algo de ellos para que mejor se entienda. Hacían el baile de ordinario en los patios de los templos y casas reales, que eran las más espaciosas. Ponían en medio del patio dos instrumentos, uno de hechura de atambor y otro de forma de barril, hecho de una pieza y hueco por de dentro, puesto sobre una figura de hombre o de otro animal que le tenía a cuestas, y otras veces sobre una columna. Estaban ambos de tal modo templados que hacían muy buena consonancia. Hacían con ellos diversos sones para los cuales había muchos cantares, que todos a una iban cantando y bailando con tanto concierto que no discrepaba uno de otro, yendo todos a una así en voces como en el mover de los pies, con tanta destreza que ponía admiración al que los veía. El modo y orden que tenían en hacer su baile, era ponerse en medio, donde estaban los instrumentos, un montón de gente que de ordinario eran los señores ancianos, donde con mucha autoridad y casi a pie quedo bailaban y cantaban. Después salían de dos en dos los caballeros mancebos bailando más ligeramente, haciendo mudanzas con más saltos que los ancianos, y haciendo una rueda ancha y espaciosa cogían en medio a los ancianos con los instrumentos. Sacaban en estos bailes las ropas más preciosas que tenían, joyas y preseas de plumas ricas según el estado de cada uno. Ponían tanto cuidado en hacer bien estos bailes que desde niños los imponían en ellos, teniendo lugar y tiempo señalado para enseñarlos, dándoles ayos que los recogiesen por toda la ciudad, y maestros que los enseñasen. La pintura de este baile es la que sigue.

[Mitote, que quiere decir «baile o danza».]

Libro II. Tratado de los ritos y ceremonias y dioses que en su gentilidad usaban los indios de esta Nueva España

Capítulo I. Del gran ídolo de los mexicanos llamado Huitzilopuchtli

La fiesta más celebrada y más solemnizada de esta tierra, y en particular de los mexicanos y tezcucanos, fue la del ídolo llamado Huitzilopuchtli, cuyas ceremonias son muy diversas y tienen mucho que notar, porque simbolizan algunas de nuestra religión cristiana y otras [de] la Ley Vieja. Era tan temido y reverenciado este ídolo de toda esta nación indiana, que solo a él llamaban Todopoderoso y Señor de lo Criado. [Para] éste eran los principales y grandes sacrificios y, por el consiguiente, tenía el más suntuoso templo, de grande altura y más hermoso y galano edificio, cuyo sitio y fortaleza se ve en las ruinas que de él han quedado en medio de esta ciudad.

 La figura de este gran ídolo Huitzilopuchtli era una estatua de madera entallada en semejanza de un hombre sentado en un escaño azul, fundado en unas andas, y de cada esquina salía un madero con una cabeza de sierpe al cabo. Era el escaño de color azul, con que denotaban que estaba en el cielo sentado. Tenía este ídolo toda la frente azul, y por encima de la nariz una venda azul que tomaba de una oreja a otra. Tenía sobre la cabeza un rico plumaje de henchura de pico de pájaro: el pico en que estaba fijado el plumaje era de oro muy bruñido y las plumas de pavos verdes muy hermosas y en cantidad. Tenía una sábana verde con [la] que estaba cubierto y encima de ella, pendiente el cuello, un delantal de ricas plumas verdes, guarnecido de oro, que [al estar sentado] en un escaño, le cubría hasta los pies. Tenía en la mano izquierda una rodela con cinco piñas de plumas blancas puestas en cruz, alrededor de la rodela estaban colgadas plumas amarillas a manera de flecadura. Subía por lo alto de ella un gallardete de oro y por el lugar de las manijas salían cuatro saetas, las cuales eran insignias que, decían los mexicanos, les fueron enviadas del cielo, con las cuales tuvieron las grandes y memorables victorias que quedan referidas. Tenía este ídolo en la mano derecha un báculo labrado a manera de culebra, todo azul y ondeado. Estaba ceñido con una banderilla que le salía a las espaldas, de oro muy bruñido. En las muñecas tenía unas ajorcas de oro y en los pies unas sandalias azules.

Todo este ornato tenía su significación según diversos intentos, cuya efigie es esta que se sigue.

[Este es el ídolo famoso llamado Huitzilopuchtli, a quien adoraban los mexicanos, los de Tezcuco y otras naciones. Lo llamaban «Señor de todo lo criado».]

Este ídolo, así vestido y aderezado, estaba siempre puesto en un altar alto, en una pieza pequeña muy cubierta de sábanas, de joyas, de plumas y aderezos de oro con muchas rodelas de pluma, lo más galano y curioso que ellos sabían y podían aderezarlo. Tenía siempre delante una cortina por más veneración y reverencia. Junto al aposento de este ídolo había otra pieza menos aderezada, donde tenían otro ídolo que se decía Tlaloc, del cual se tratará adelante. Estas dos piezas estaban en la cumbre del templo y para subir a ellas había ciento y veinte escalones. Estaban estas piezas muy de las cuales hay bien labradas todas con figuras de talla, hasta ahora por las calles de esta ciudad. Estos dos ídolos estaban siempre juntos, porque los tenían por compañeros y de igual valor y poder. Delante de sus dos aposentos había un patio de cuarenta pies en cuadro, en medio del cual había una piedra de hechura de pirámide, verde y puntiaguda, de altura de cinco palmos, que echando un hombre de espaldas sobre ella le hacía doblar el cuerpo, y en esta forma sacrificaban a los hombres sobre esta piedra al modo que adelante diremos. La hermosura de este templo era muy grande. Había en la ciudad ocho o nueve como él, los cuales estaban pegados unos con otros, dentro de un circuito grande, y tenían sus gradas particulares y su patio con aposentos y dormitorios para los ministros de los templos. Todo esto tomaba mucho campo y lugar. Estaban las entradas de los unos a oriente, otras a poniente, otras a norte, y otras al sur. Todos muy bien encalados, labrados y torreados con diversas hechuras de almenas y pinturas con muchas figuras de piedra fortalecidas de grandes y anchos estribos. Eran dedicados a diversos dioses que tenían, pero aunque todos eran muy diversos y autorizaban mucho la ciudad, el del principal Huitzilopuchtli era el más suntuoso y galano, y así se hará mención de él en particular. Tenía este templo una cerca muy grande, que formaba dentro de sí un muy hermoso patio. Toda ella era labrada de piedras grandes, a manera de culebras asidas las unas de las otras; llamábase esta cerca Cohuatepantli, que quiere decir «cerca de culebras». Tenía en las cumbres de las cámaras y oratorios donde los ídolos estaban, un pretil muy galano labrado con piedras menudas, negras como el azabache, puestas con mucho orden y concierto, revocado todo el campo de blanco y colorado, que desde abajo lucía mucho. Encima de este pretil había unas almenas muy galanas labradas como caracoles. Tenía por remate de los estribos dos indios de piedra sentados con unos candeleros en las manos. De ellos salían unas como mangas de luz con remates de ricas plumas amarillas y verdes y unos rapacejos largos de lo mismo. Dentro de la cerca de este patio había muchos aposentos de religiosos y religiosas, sin [contar] otros que en lo alto había para los sacerdotes y papas que al ídolo servían. Era este patio tan grande y espacioso que se juntaban a bailar en él, sin estorbo ninguno, ocho o diez mil hombres en rueda como ellos bailan. Tenían cuatro puertas o entradas: una hacia oriente, otra hacia poniente, otra al mediodía y otra a la parte del norte. De cada puerta de estas principiaba una calzada muy hermosa de dos o tres leguas y así, había en medio, donde estaba fundada esta ciudad, cuatro calzadas en cruz, muy anchas y bien aderezadas, que la hermoseaban mucho. Estaban en estas portadas cuatro dioses [con] los rostros vueltos hacia las partes donde estas puertas estaban. La causa de ello dicen que fue una disputa que tuvieron los dioses antes que el Sol fuese criado. Fingen los antiguos que al tiempo que los dioses quisieron crear el Sol, tuvieron entre sí contienda hacia qué parte sería bueno que saliese, y queriendo cada uno que saliese a la parte donde estaba, volvían el rostro hacia su pertenencia; pero al fin vino a vencer el de oriente, porque le ayudó Huitzilopuchtli y, desde entonces, se quedaron con las caras vueltas así. Frontero de la puerta del templo de Huitzilopuchtli había treinta gradas de treinta brazas de largo, que las dividía una calle que estaba entre la cerca del patio y ellas. En lo alto de ellas había un paseadero ancho de treinta pies, tan largo como las gradas [y] encalado. Por medio de este espacio del paseadero, estaba, a lo largo, una muy bien labrada palizada de árboles muy altos puestos en hilera y de uno a otro había una braza. Estos maderos eran muy gruesos y estaban barrenados con unos agujeros pequeños desde abajo hasta la cumbre; y venían por los agujeros, de un madero a otro, unas varas delgadas, en las cuales estaban ensartadas muchas calaveras de hombres por las sienes. Tenía cada vara veinte cabezas. Llegaban estas hileras de calaveras desde lo bajo hasta lo alto de los maderos. Llenando de cabo a cabo la palizada, y [eran] tantas y tan espesas que ponían grande admiración y grima. Eran estas cabezas de los que sacrificaban, porque, después de muertos y comida la carne, traían la calavera y entregábanla a los ministros del templo, y ellos la ensartaban allí. Dejábanlas hasta que de añejas se caían a pedazos, si no era cuando había tantas que las iban renovando y quitando las más añejas, o renovaban la palizada para que cupiesen más.

Hacíase al pie de esta palizada una ceremonia con los que habían de ser sacrificados, y era que a todos los ponían en hilera al pie de ella con gente de guarda que los cercaba. Salía luego un sacerdote vestido con una alba corta llena de flecos por la orla y, descendiendo de lo alto del templo con un ídolo de masa de bledos y maíz amasado con miel, [que] tenía los ojos de unas cuentas verdes y los dientes de granos de maíz, venía con toda la prisa que podía por las gradas del templo abajo y salía por encima de una gran piedra, que estaba fijada en un alto humilladero en medio del templo, llamábase la piedra Quauhxicalli, que quiere decir «la piedra del águila». Subiendo este sacerdote por una escalerilla que estaba al frente del humilladero y bajando por otra que estaba en otra parte, siempre abrazado con su ídolo, subía adonde estaban los que se habían de sacrificar y, desde un lado hasta otro, iba mostrando aquel ídolo en particular, y diciendo:

—«este es vuestro dios». En acabando de mostrárselo, descendía por el otro lado de las gradas, y todos los que habían de morir se iban en procesión tras de él hasta el lugar donde habían de ser sacrificados, y allí hallaban aparejados los ministros que los habían de sacrificar. El modo ordinario del sacrificio era abrir el pecho al que sacrificaban y, sacándole el corazón medio vivo, lo echaban a rodar por las gradas del templo, las cuales se bañaban en sangre. Esta era la ordinaria ceremonia que en la fiesta de este ídolo y los demás se hacia.

Había en la cerca de este gran templo, como queda referido, dos monasterios: el uno de mancebos recogidos de dieciocho a veinte años, a los cuales llamaban religiosos. Traían en las cabezas unas coronas como frailes, el cabello poco más crecido que les daba a media oreja, excepto que al colodrillo dejaban crecer el cabello cuatro dedos en ancho, que les descendía por las espaldas, y a manera de trenzado les ataban y trenzaban. Estos mancebos que servían en el templo de Huitzilopuchtli vivían en pobreza, castidad, y hacían el oficio de levitas administrando a los sacerdotes y dignidades del templo el incensario, la lumbre y las vestimentas; barrían los lugares sagrados, traían leña para que siempre ardiese en el brasero del dios, que era como lámpara, la cual ardía continuo delante del altar del ídolo. Sin estos mancebos había otros muchachos que eran como monaguillos, que servían en cosas manuales, como eran enramar y componer los templos con rosas y juncos, dar aguamanos a los sacerdotes, administrar navajuelas para sacrificar, ir con los que iban a pedir limosna para traer la ofrenda. Todos éstos tenían sus prepósitos que tenían cargo de ellos, y vivían con tanta honestidad y miramiento, que cuando salían en público donde había mujeres, iban las cabezas muy bajas, los ojos en el suelo, sin osar alzarlos a mirarlas. Traían por vestidos unas sábanas de red. Estos mozos recogidos tenían licencia de salir por la ciudad de cuatro en cuatro y de seis en seis muy mortificados a pedir limosna por los barrios, y cuando no se la daban tenían licencia de llegarse a las sementeras, y coger las espigas de pan y mazorcas que habían menester, sin que el dueño osase hablarles ni evitárselo. Tenían esta licencia porque vivían en pobreza, sin otra renta más que la limosna. No podía haber más de cincuenta; ejercitándose en penitencia y levantándose a media noche a tocar unos caracoles y bocinas con que despertaban a la gente; velaban al ídolo por sus cuartos porque no se apagase la lumbre que estaba delante del altar. Administraban el incensario con que los sacerdotes incensaban el ídolo a media noche, a la mañana, a mediodía y a la oración. Estos estaban muy sujetos y obedientes a los mayores, y no salían un punto de lo que les mandaban. Después que a media noche acababan de incensar los sacerdotes, éstos se iban a un lugar particular, y sacrificaban sacándose sangre de los molledos con unas puntas duras y agudas. La sangre que así sacaban se la ponían por las sienes hasta lo bajo de la oreja. Hecho este sacrificio, se iban luego a lavar a una laguna. No se untaban estos mozos con ningún betún en la cabeza ni en el cuerpo como los sacerdotes, y su vestido era de una tela que acá se hace muy áspera y blanca. Durábales este ejercicio y aspereza de penitencia un año entero, en el cual vivían con mucho recogimiento y mortificación.

La segunda casa de recogimiento estaba frontera de ésta, la cual era de monjas recogidas, todas doncellas de doce a trece años, a las cuales llamaban las mozas de la penitencia. Eran tantas como los varones. Vivían, asimismo, en castidad y clausura, como doncellas diputadas al servicio de Dios. No tenían otro ejercicio sino rezar y barrer el templo, y hacer cada mañana de comer para el ídolo y sus ministros, de aquello que de limosna recogían los mozos. La comida que al ídolo hacían eran unos bollos pequeños hechos [unos] a manera de manos y pies y otros retorcidos como melcochas. Con este pan hacían unos guisados, y poníanselo al ídolo delante cada día. Entraban estas mozas trasquiladas y después dejaban crecer el cabello hasta cierto tiempo. Estas, en algunas festividades, se emplumaban las piernas y brazos y poníanse color en los carrillos. Levantábanse a media noche a las alabanzas de los ídolos que de continuo se hacían, haciendo los mismos ejercicios que los demás. Tenían amas, que eran como abadesas y prioras, que las ocupaban en hacer lienzos de labores de muchas diferencias para el ornato de los dioses y de los templos. El traje que a la continua traían era todo blanco, sin labor ni color alguno. Estaban en este ejercicio y penitencia un año como los varones, el cual cumplido salían de allí Para poderse casar, así ellos como ellas. En saliendo éstos, luego sucedían otros, porque de ordinario ellos, o sus padres por ellos, hacían voto de servir en el templo un año con esta aspereza y penitencia, la cual hacían las mujeres a media noche al mismo tiempo que los varones sacrificándose en las puntas de las orejas hacia la parte de arriba, y la sangre que se sacaban poníansela en las mejillas. Dentro de su recogimiento vivían en mucha honestidad y tenían una alberca donde se lavaban aquella sangre. Su recogimiento era muy grande [y] vivían en mucha honestidad. Era tanto el rigor con que se miraba por ellas que si hallaban a alguno en algún delito contra honestidad por leve que fuese, los mataban luego sin ninguna remisión, diciendo haber violado la casa de su dios y gran señor. Sobre lo cual fundaban un agüero y era que como había mozos y mozas y conocían su poca constancia y mucha flaqueza, vivían siempre con gran cuidado y recelo, y así viendo entrar algún ratón en el oratorio del ídolo o algún murciélago o si hallaban acaso roído algún velo del templo, o agujero que hubiese hecho el ratón, decían que algún pecado se había cometido y que alguna injuria se había hecho a su dios, pues el ratón o murciélago se había atrevido a ofender el ídolo, y andaban muy sobre aviso para saber quién era la causa de tan gran desacato. Hallado el delincuente por muy aventajado que fuese en dignidad y linaje, le mataban, vengando con aquello la injuria que a su dios se había hecho. Estos mozos y mozas habían de ser de seis barrios que para este efecto estaban nombrados y no podían ser de otros.

Las mozas de este recogimiento, dos días antes de la fiesta de este ídolo Huitzilopuchtli, molían mucha cantidad de semilla de bledos juntamente con maíz tostado y, después de molido, amasábanlo con miel y hacían de aquella masa un ídolo tan grande como era el de madera. Poníanle por ojos unas cuentas verdes, o azules, o blancas y por dientes unos granos de maíz, sentado con todo el aparato que arriba queda dicho. Después de perfeccionado, venían todos los señores y traían un vestido curioso y rico conforme al traje del ídolo, con el cual le vestían, y después de muy bien vestido y aderezado, sentábanle en un escaño azul en sus andas con sus cuatro maderos para llevarlo en hombros. Llegada la mañana de la fiesta, una hora antes de amanecer, salían todas estas doncellas vestidas de blanco con atavíos nuevos y aquel día las llamaban hermanas del dios Huitzilopuchtli. Venían coronadas con guirnaldas de maíz tostado y reventado, que parece azahar, y a los cuellos gruesos sartales de lo mismo, que les venían por debajo del brazo izquierdo, puesta su color en los carrillos y los brazos desde los codos hasta las muñecas, emplumados de plumas coloradas de papagayos. Así aderezadas, tomaban las andas del ídolo en los hombros y sacábanlas al patio, donde estaban ya todos los mancebos vestidos con unas sábanas de red galanas [y] coronados de la misma manera que las mujeres. En saliendo las mozas con el ídolo, llegaban los mancebos con mucha reverencia y tomaban las andas en los hombros trayéndolas al pie de las gradas del templo, donde se humillaba todo el pueblo, y tomando tierra del suelo se la ponían en la boca, que era ceremonia ordinaria entre ellos en los principales días de fiesta de sus dioses. Hecha esta ceremonia, salía todo el pueblo en procesión con toda la prisa posible e iban a un cerro que está a una legua de esta ciudad, llamado Chapultepec. Allí hacían estación y sacrificios. Luego partían con la misma prisa a un lugar cerca de allí, que se dice Atlacuyhuayan, donde hacían la segunda estación. De allí iban a otro pueblo, una legua adelante, que se dice Coyoacan, de donde partían volviéndose a la ciudad de México sin hacer pausa. Hacían este viaje de más de cuatro leguas en tres o cuatro horas. Llamaban a esta procesión ypaina Huitzilopuchtli, que quiere decir «el veloz y apresurado camino de Huitzilopuchtli». Acabados de llegar al pie de las gradas ponían allí las andas, tomaban unas sogas gruesas y atábanlas a los asideros de las andas, y con mucho tiento y reverencia, unos tirando de arriba y otros ayudando de abajo, subían las andas con el ídolo a la cumbre del templo con mucho ruido de flautas y clamor de bocinas y caracoles y atambores, subiendo de esta manera por ser las gradas del templo muy empinadas y angostas y la escalera bien larga, y así no podían subir con las andas en los hombros. Al tiempo que subían al ídolo, todo el pueblo [estaba] en el patio con mucha reverencia y temor.

Acabado de subirlo a lo alto y metido en una casilla de rosas que le tenían hecha, venían los mancebos y derramaban muchas rosas de diversos colores hinchiendo todo el templo dentro y fuera de ellas. Hecho esto, salían todas las doncellas con el aderezo referido y sacaban de su recogimiento unos trozos de masa de maíz tostado y bledos, que es la misma de que el ídolo era hecho, hechos a la manera de huevos grandes y entregábanlos a los mancebos. Ellos subíanlos arriba y poníanlos a los pies del ídolo por todo aquel lugar hasta que no cabían más. A estos trozos de masa llamaban «los huesos y carne de Huitzilopuchtli». Puestos así los huesos, salían todos los ancianos del templo, sacerdotes y levitas y todos los demás ministros según sus dignidades y antigüedades, porque las había con mucho concierto y orden con sus nombres y dictados. Salían unos tras otros con sus velos de red de diferentes colores y labores, según la dignidad y oficio de cada uno, con guirnaldas en las cabezas y sartales de rosas en los cuellos. Tras estos, salían los dioses y diosas que adornaban en diversas figuras vestidas de la misma librea y poniendo en orden alrededor de aquella masa, hacían cierta ceremonia de canto y baile sobre ellos, con la cual quedaban benditos y consagrados por «carne y huesos» de aquel ídolo. Luego, se apercibían los sacrificadores para hacer el sacrificio en este gran templo de Huitzilopuchtli, cuya forma pintan de esta manera.

[Este es el templo del dios Huitzilopuchtli, do se enterraban los reyes y personas graves, como capitanes y ministros del templo. Quiere decir Huitzilopuchtli, «Siniestro de plumas relumbrante».]

Acabada pues la ceremonia y bendición de aquellos trozos de masa en figura de huesos y carne del ídolo, en cuyo nombre eran reverenciados y honrados con la [misma] veneración y acatamiento que nosotros reverenciamos al Santísimo Sacramento del altar, salían los sacrificadores que para este día y fiesta había diputados y constituidos en aquella dignidad, los cuales eran seis:

cuatro para tener los pies y manos del que había de ser sacrificado, otro para [sujetar] la garganta y el otro para cortar el pecho y sacar el corazón del sacrificado. Llamaban a estos chachalmeca, que en nuestra lengua es lo mismo que «ministro de cosa sagrada». Era ésta una dignidad suprema y entre ellos tenida en mucho, la cual se heredaba como cosa de mayorazgo. El ministro que tenía oficio de matar, que era el sexto de éstos, era tenido y reverenciado como supremo sacerdote o pontífice, el nombre del cual era diferente, según la diferencia de los tiempos y solemnidades en que sacrificaban. Asimismo, eran diferentes las vestiduras cuando salía a ejercitar su oficio en diversos tiempos; el nombre de su dignidad era papa y topiltzin. El traje y ropa [eran] una cortina colorada, a manera de dalmática, con unas flechaduras verdes por orla, una corona de ricas plumas verdes y amarillas en la cabeza, en las orejas unos como zarcillos de oro engastados en ellos unas piedras verdes y debajo del labio, junto al medio de la barba, una pieza como canutillo de una piedra azul. Venían estos seis sacrificadores embijados el rostro y las manos, untados de negro [y] muy atezados. Los cinco traían unas cabelleras muy encrespadas y revueltas con unas vendas de cuero ceñidas por medio de las cabezas. En la frente traían unas rodelas de papel, pequeñas, pintadas de diversos colores e iban vestidos con unas dalmáticas blancas labradas de negro. Con este atavío se revestían en la misma figura del demonio, que verlos salir con tan mala catadura ponía grandísimo miedo a todo el pueblo. El supremo sacerdote traía en la mano un gran cuchillo de pedernal muy agudo y ancho, el otro traía un collar de palo labrado a manera de una culebra. Puestos todos [los] seis ante el ídolo, hacían su humillación y poníanse en orden junto a la piedra piramidal puntiaguda, que ya queda dicho estaba frontera de la puerta de la cámara del ídolo. Era tan puntiaguda esta piedra, que echando de espaldas sobre ella el que había de ser sacrificado, se doblaba de tal suerte, que dejando caer el cuchillo sobre el pecho, con mucha facilidad se abría un hombre por medio. Después de puestos en orden estos sacrificadores, sacaban todos los que habían preso en las guerras, que en esta fiesta habían de ser sacrificados, y, muy acompañados de gente de guarda, subíanlos en aquellas largas escaleras de pie de la palizada, todos en ringlera y desnudos en carnes. Descendía luego una dignidad del templo, constituida en aquel oficio, y bajando en brazos un ídolo pequeño (como en otra parte queda dicho), lo mostraban a los que habían de morir. En acabando, se bajaba y todos tras él, y subiendo al lugar donde estaban apercibidos los ministros, llevaban uno a uno a los que habían de ser sacrificados. En llegando los seis sacrificadores, le tomaban uno de un pie y otro del otro, uno de una mano y otro de la otra [y] lo echaban de espaldas encima de aquella piedra puntiaguda, donde el quinto de estos ministros le echaba el collar a la garganta. [Luego] el sumo sacerdote le abría el pecho con aquel agudo cuchillo con una presteza extraña, arrancándole el corazón con las manos, y, baheando, se lo mostraba al Sol, a quien ofrecía aquel calor y vaho del corazón. Luego, se volvía al ídolo y arrojábaselo al rostro. Luego echaban rodando el cuerpo sacrificado por las gradas del templo con mucha facilidad, porque estaba la piedra puesta tan junto a las gradas que no había dos pies de espacio entre la piedra y el primer escalón, y así, con un puntapié, echaban los cuerpos por las gradas abajo. De esta suerte sacrificaban todos los presos en la guerra. Después de muertos y echados abajo los cuerpos, los alzaban los dueños por cuyas manos habían sido presos, se los llevaban y repartíanlos entre sí, y se los comían celebrando con ellos la solemnidad. Los cuales por pocos que fuesen siempre pasaban de cuarenta y cincuenta, porque había hombres muy diestros en cautivar. Lo mismo hacían todas las demás naciones comarcanas, imitando [a] los mexicanos en sus ritos y ceremonias en servicio de sus dioses.

Esta fiesta de Huitzilopuchtli era general en toda la tierra, porque era un dios muy temido y reverenciado, y así, unos por temor y otros por amor, no había provincia ni pueblo alguno que en la forma dicha no celebrase la fiesta del ídolo Huitzilopuchtli con la [misma] reverencia y acatamiento [con] que nosotros celebramos la fiesta del Santísimo Sacramento. La nombraban Cohuailhuitl, que quiere decir «fiesta de todos», y cada pueblo en tal día sacrificaba lo que sus capitanes y soldados habían cautivado, y certifican que pasaban de mil los que morían aquel día. Y para este fin de tener cautivos para los sacrificios, ordenaban las guerras que entre México y toda la nación tlaxcalteca había, no queriendo los mexicanos destruir y sujetar a Tlaxcala, a Huexotzinco, a Tepeaca, a Calpa, Acatzinco, Quauhquechulan y Atlixco, con otros comarcanos suyos, pudiéndolo hacer con mucha facilidad como habían sujetado a todo lo restarte de la tierra, por dos razones: la primera y principal era decir que querían aquella gente para comida de sus dioses, cuya carne les era dulcísima y delicada, y la segunda [era] para ejercitar sus valerosos brazos, y donde fuese conocido el valor de cada uno. Y en realidad de verdad no se hacían para otro fin las guerras, sino para traer gente de una parte y otra, para sacrificar, porque nunca sacrificaban sino esclavos comprados o habidos en guerra.

El modo que había para traer cautivos era que cuando se acercaba el día de cualquier fiesta donde había de haber sacrificios, iban los sacerdotes a los reyes y manifestábanles cómo los dioses se morían de hambre, que se acordasen de ellos. Luego, los reyes se apercibían y avisaban unos a otros cómo los dioses pedían de comer, por tanto, que apercibiesen sus gentes para el día señalado, enviando sus mensajeros a las provincias contrarias para que se apercibiesen a venir a la guerra. Y así, congregadas sus gentes y ordenadas sus capitanías y escuadrones, salían al campo, situado donde se juntaban los ejércitos, y toda su contienda y batalla era prenderse unos a otros para el efecto de sacrificar, procurando señalarse así una parte como otra en traer más cautivos para el sacrificio, de suerte que en estas batallas más pretendían prenderse que matarse, porque todo su fin era traer hombres vivos para dar de comer al ídolo. Y este era el modo y manera con que traían las víctimas a sus dioses, las cuales acabadas salían luego todos los mancebos y mozos del templo, aderezados como ya se ha dicho, puestos en orden y en hileras los unos enfrente de los otros, bailaban y cantaban al son de un atambor que les tañían en loor de la solemnidad e ídolo que celebraban, a cuyo canto todos los señores y viejos y gente principal respondían bailando en el circuito de ello, haciendo un hermoso corro como lo tienen de costumbre, teniendo siempre a los mozos y mozas en medio, a cuyo espectáculo concurría toda la ciudad.

[En] este día del ídolo Huitzilopuchtli, era precepto muy guardado en toda la tierra que no se había de comer otra comida, sino de aquella masa con miel de que el ídolo era hecho. Y este manjar se había de comer en amaneciendo y no habían de beber agua ni otra cosa hasta pasado el mediodía. Lo contrario tenían por agüero y sacrilegio. Pasadas las ceremonias, podían comer otras cosas. En este ínterin escondían el agua de los niños y avisaban a todos los que tenían uso de razón que no bebiesen agua, porque vendría la ira de dios sobre ellos y morirían, y guardaban esto con gran cuidado y rigor. Concluidas las ceremonias, bailes y sacrificios, íbanse a desnudar, y los sacerdotes y dignidades del templo tomaban el ídolo de masa y desnudábanlo de aquellos aderezos que tenía, y así a él como a los trozos que estaban consagrados, hacíanlos muchos pedacitos y, comenzando desde los mayores, comulgaban con ellos a todo el pueblo, chicos y grandes, hombres y mujeres, viejos y niños. Recibíanle con tanta reverencia, temor y lágrimas que ponía admiración, diciendo que comían la carne y huesos de dios, teniéndose por indignos de ello. Los que tenían enfermo pedían para él y llevábanselo con mucha reverencia y veneración. Todos los que comulgaban quedaban obligados a dar diezmo de aquella semilla de que se hacía el ídolo. Acabada la solemnidad de la comunión, se subía un viejo de mucha autoridad, y a voz alta predicaba su ley y ceremonias, entre ellos los diez mandamientos que nosotros somos obligados a guardar. Conviene a saber: que temiesen y honrasen a los dioses, los cuales eran tan reverenciados, que el ofenderlos no se pagaba menos que con la vida. También el no tomar a sus dioses en su boca en ninguna materia. El santificar las fiestas con un rigor extraño, cumpliendo los ritos y ceremonias de ellas con sus ayunos y vigilias inviolablemente. El honrar a los padres y a las madres, a los parientes y a los sacerdotes y viejos, y así no había gente en el mundo que con más temor y reverencia honrase a sus mayores, tanto que a los que no reverenciaban a los padres y ancianos, les costaba la vida; y lo que encargaba más esta gente a sus hijos era reverenciar a los ancianos de cualquier estado y condición que fuesen, de donde venían a ser los sacerdotes tan venerados, de grandes y chicos, de señores y populares. El matar uno a otro era muy prohibido y, aunque no se pagaba con muerte, hacían al homicida esclavo perpetuo de la mujer o parientes del muerto para que les sirviese y supliese la falta del muerto, ganando el sustento de los hijos que dejaba. El fornicar y adulterar se prohibía de tal manera que si tomaban a uno en adulterio, le echaban una soga a la garganta y le apedreaban y apaleaban, arrastrándole por toda la ciudad, y después le echaban fuera del poblado para que fuese comido de fieras. Al que hurtaba, o le mataban o le vendían por el precio del hurto. Al que levantaba falso testimonio le daban pena afrentosa, etc. Con este rigor que se guardaba en la observancia de las leyes, el que había caído en algún pecado de estos andaba siempre temeroso y pidiendo a los dioses favor para no ser descubierto.

El perdón de los delitos era cada cuatro años como jubileo, donde tenían remisión de ellos en la fiesta de un gran ídolo llamado Tezcatlipuca, la cual fiesta se celebraba con gran solemnidad y ceremonia, con tanto aparato de sacrificios como en la de Huitzilopuchtli. La pintura del modo y manera del sacrificio, es esta que se sigue, que queda dicho en la solemnidad del ídolo Huitzilopuchtli. Y porque no quede por declarar el nombre de este ídolo, es de saber que Huitzilopuchtli quiere decir «Siniestra de pluma relumbrante». Compónese de este nombre Huitzitzilin, que es Un pájaro de pluma rica, y de este nombre Opochtli, que quiere decir «lado siniestro». Y así dicen Huitzilopuchtli. La razón porque le pusieron este nombre fue porque siempre tenía en el brazo siniestro un brazalete de oro con mucha plumería rica.

[Desta manera sacrificaban, enseñado por el ídolo Huitzilopuchtli.]

Capítulo II. Del gran ídolo llamado Tezcatlipuca y del modo con que era solemnizado

La fiesta del ídolo Tezcatlipuca era muy solemnizada de esta gente con mucha diferencia de ritos y sacrificios, con que significaban la mucha reverencia que le tenían, que casi igualaba esta fiesta con la de Huitzilopuchtli. Llamábanla la fiesta de Toxcatl, que era una de las fiestas de su calendario, por cuya causa solemnizaban en su día dos fiestas: una de las del número de su calendario, que era Toxcatl, y la otra del ídolo Tezcatlipuca. El cual ídolo era de una piedra muy relumbrante y negra, como azabache, vestido de algunos atavíos galanos a su modo. Cuanto a lo primero, tenía zarcillos de oro y otros de plata, en el labio bajo tenía un canutillo de viril cristalino, en el cual estaba metida una pluma verde y otras veces azul que de fuera parecía esmeralda o turquesa, era este viril como un jeme de largo. Encima de una coleta de cabellos que tenía en la cabeza, le ceñía una cinta de oro bruñido, la cual tenía por remate una oreja de oro con unos humos pintados en ella, que significaba las palabras y aliento de los ruegos de todos los afligidos y pecadores que llegaba a sus oídos; entre esta oreja y la cinta salían unas garzotas blancas en gran número. Al cuello tenía colgado un joyel de oro, tan grande que le cubría todo el pecho. En ambos brazos tenía brazaletes de oro y en el ombligo una rica piedra verde. En la mano izquierda tenía un mosqueador de plumas preciadas azules, verdes y amarillas, que salían de una chapa redonda de oro muy bruñida, reluciente como un espejo, con que daba a entender que en aquel espejo veía todo lo que se hacía en el mundo; a esta chapa de oro llamaban itlachiaya, que quiere decir «su mirador». En la mano derecha tenía cuatro saetas, que significaban el castigo que por los pecados daba a los malos. Era el ídolo que más temían, porque no les descubriese sus delitos. Era éste en cuya fiesta (que era de cuatro en cuatro años) había perdón de pecados. Sacrificaban en este día a uno que elegían para ser semejanza de este ídolo. En las gargantas de los pies tenía unos cascabeles de oro. Tenía en el pie derecho una mano de venado atada siempre, que significaba la ligereza y agilidad en sus obras y poder. Estaba rodeado con una cortina de red muy labrada toda de negro y blanco, con una orla a la redonda de rosas blancas, negras y coloradas muy adornadas de plumería, y en los pies unos zapatos muy galanos y ricos. Con este adorno estaba de continuo.

El templo en que estaba este ídolo era alto y muy hermosamente edificado. Tenía, para subir a él, ochenta gradas, al cabo de las cuales había una mesa de doce o trece pies de ancho y, junto a ella, un aposento ancho y largo como una sala, la puerta ancha y baja. Estaba esta pieza toda entapizada de cortinas galanas de diversas labores y colores. La portada de esta pieza está siempre cubierta con un velo rico, con que la pieza estaba de ordinario oscura. No podía entrar ninguno a este lugar, solo los sacerdotes que para el culto de este ídolo estaban diputados. Delante de esta puerta había un altar de la altura de un hombre y, sobre él, una peana de madera, de altura de un palmo, sobre la cual estaba puesto el ídolo en pie. El altar estaba adornado de cortinas ricamente labradas, y las vigas de esta sala con muchas pinturas, de ellas pendía sobre el ídolo un guardapolvo muy aderezado de plumería con insignias, divisas y armas muy vistosas, de diversas hechuras y guarnecidas de piedras y oro. Celebrábase la fiesta de este ídolo a diez y nueve de mayo, y era la cuarta fiesta de su calendario.

En la víspera de esta fiesta venían los señores al templo y traían un vestido nuevo, conforme al del ídolo, el cual le ponían los sacerdotes quitándole las otras ropas, [que] guardaban en unas cajas con tanta reverencia como nosotros tratamos los ornamentos, y aun más. Había en estas arcas del ídolo muchos aderezos y atavíos, joyas, preseas y brazaletes, plumas ricas que no servían de nada sino de estarse allí. Todo lo cual adoraban como al mismo dios. Demás del vestido con que le adornaban este día, le ponían particulares insignias de plumas, brazaletes, quitasoles y otras cosas. Compuesto de esta suerte, quitaban la cortina de la puerta para que fuese visto de todos y, en abriendo, salía una dignidad de las de aquel templo, vestido de la misma manera que el ídolo, con unas rosas en la mano y una flauta pequeña de barro, de un sonido muy agudo. Y vuelto a la parte de oriente la tocaba, y volviendo a occidente y al norte y sur hacía lo mismo. Habiendo tañido hacia las cuatro partes del mundo, denotaba que los presentes y ausentes lo oían; ponía el dedo en el suelo y, cogiendo tierra en él, lo metía en la boca y la comía en señal de adoración. Lo mismo hacían todos y, llorando, postrábanse invocando a la oscuridad de la noche y al viento, rogándoles que no les desamparasen ni los olvidasen, o que les acabasen la vida y diesen fin a tantos trabajos como en ella se padecen. En sonando esta flautilla, los ladrones, fornicarios, homicidas o cualquier género de delincuentes tomaban grandísimo temor y tristeza, y algunos se cortaban de tal manera que no podían disimular haber delinquido en algo. Todos aquellos días no pedían otra cosa a este dios, sino que no fuesen sus delitos manifiestos, derramando muchas lágrimas con gran compunción y arrepentimiento, ofreciendo cantidad de incienso para aplacar a dios. Los valientes y valerosos hombres y todos los soldados viejos que seguían la milicia, en oyendo la flautilla, con grande agonía y devoción pedían al Dios de lo Criado, al Señor por Quien Vivimos, al Sol y a los otros principales dioses suyos que les diesen victoria contra sus enemigos, y fuerza para prender muchos cautivos, para honrar sus sacrificios. Hacíase la ceremonia sobredicha diez días antes de esta fiesta, en los cuales tañía aquel sacerdote la flautilla para que todos hiciesen aquella adoración de comer tierra y pedir a los dioses lo que querían, haciendo cada día oración alzados los ojos al cielo con suspiros y gemidos como gente que se dolía de sus culpas y pecados, aunque este dolor de ellos no era sino por temor de la pena corporal que les daban y no por la eterna, porque certificaban que no sabían que en la otra vida hubiese pena tan estrecha. Así, se ofrecían a la muerte sin pena, entendiendo que todos descansaban en ella.

Llegando el propio día de la fiesta de este ídolo Tezcatlipuca, juntábase toda la ciudad en el patio para celebrar asimismo la otra fiesta del calendario, que ya dijimos se llamaba Toxcatl, que quiere decir «cosa seca». La cual fiesta se enderezaba a pedir agua del cielo al modo que nosotros hacemos las rogativas. Así, hacían esta fiesta siempre por mayo, que es el tiempo donde hay más necesidad de agua. Comenzaba su celebración a 9 de este mes y acabábase a 19 (). En la mañana del último día sacaban sus sacerdotes unas andas muy aderezadas con cortinas y cendales de diversas maneras. Tenían estas andas tantos asideros cuantos eran los ministros que las habían de llevar, todos los cuales salían embijados de negro, con unas cabelleras largas trenzadas por la mitad de ellas con unas cintas blancas y con unas vestiduras de la librea del ídolo. Encima de aquellas andas ponían el personaje del ídolo señalado para este oficio que ellos llamaban «semejanza del dios Tezcatlipuca», y tomándolo en los hombros lo sacaban en público al pie de las gradas. Salían luego los mozos y mozas recogidos de aquel templo con una soga gruesa torcida de sartales de maíz tostado, y, rodeando todas las andas con ellos, ponían una sarta de lo mismo al cuello del ídolo y en la cabeza una guirnalda. Llamábase la soga Toxcatl, denotando la esterilidad y sequía del tiempo. Salían los mozos rodeados con unas cortinas de red y con guirnaldas y sartales de maíz tostado; las mozas salían vestidas de nuevos atavíos y aderezos con sartales de lo mismo al cuello, y en las cabezas llevaban unas tiras hechas de varillas, todas cubiertas y ataviadas de aquel maíz, emplumados los pies y los brazos, y las mejillas llenas de color. Sacaban, asimismo, muchos sartales de este maíz tostado y poníanlos a los principales en las cabezas y cuellos, y en las manos unas rosas. Después de puesto el ídolo en sus andas, tendían por todo aquel lugar gran cantidad de pencas de una mata que acá llaman maguey, cuyas hojas son anchas y espinosas. Puestas las andas en los hombros de los sobredichos llevábanlas en procesión por dentro del circuito del patio, llevando delante de sí dos sacerdotes con dos braseros o incensarios, incensando muy a menudo el ídolo. Cada vez que echaban el incienso, alzaban el brazo cuanto alto podían hacia el ídolo y hacia el Sol, pidiéndoles subiesen sus peticiones al cielo como subía aquel humo a lo alto. Toda la demás gente [se] estaba queda en el patio, volviéndose en rueda hacia la parte donde iba el ídolo. Llevaban todos en las manos unas sogas de hilo de maguey nuevas, de una braza, con un nudo al cabo, y con aquellas se disciplinaban dándose grandes golpes en las espaldas, de la manera que acá se disciplinan el Jueves Santo. Toda la cerca del patio y las almenas estaban llenas de ramos y rosas, también adornadas y con tanta frescura que causaba gran contento. Acabada esta procesión, tornaban a subir su ídolo a su lugar, donde le ponían, saliendo luego gran cantidad de gente con rosas aderezadas de diversas maneras, y henchían el altar y la pieza y todo el patio de ellas, que casi parecía aderezo de monumento. Estas rosas ponían por sus manos los sacerdotes, administrándoselas los mancebos del templo desde acá fuera, y quedábase aquel día descubierto, y el aposento sin echar el velo. Hecho esto, salían a ofrecer cortinas, cendales, joyas y piedras ricas, incienso, maderos resinosos, manojos de mazorcas de pan, codornices, finalmente todo lo que en semejantes solemnidades acostumbraban ofrecer. En la ofrenda de las codornices, que era de los pobres, usaban de esta ceremonia, y es que las daban al sacerdote, y tomándolas les arrancaba las cabezas y echábalas al pie del altar, donde se desangraban, y así hacían de todas las que ofrecían. Otras ofrendas había de comidas y frutas, cada uno según su posibilidad. Las cuales eran el pie del altar de los ministros del templo y así, ellos eran los que las alzaban y llevaban a los aposentos que allí tenían. Hecha esta solemne ofrenda, íbase la gente a comer a sus lugares y casas, quedando la fiesta así suspensa hasta haber comido. En este tiempo, las mozas y mozos del templo, con los atavíos ya referidos, se ocupaban en servir al ídolo de todo lo que estaba dedicado a él para su comida. La cual [comida] guisaban otras mujeres que habían hecho voto de ocuparse en aquel día en hacer la comida del ídolo, sirviendo allí todo el día. Y así, se venían todas las que habían hecho voto en amaneciendo y [se] ofrecían a los prepósitos del templo para que las mandasen lo que habían de hacer, y hacíanlo con mucha diligencia y cuidado. Sacaban tantas diferencias e invenciones de manjares que era cosa de admiración.

Hecha esta comida y llegada la hora de comer, salían todas aquellas doncellas del templo en procesión, cada una con una cestica de pan en la mano y en la otra una escudilla de aquellos guisados. Traían delante de sí un viejo que servía de maestresala del ídolo y de su guarda-damas. Venía vestido con una sobrepelliz blanca, que le llegaba a las pantorrillas, con unos rapacejos por orla; encima de esta sobrepelliz, traía un jubón sin mangas, a manera de sambenito, de cuero colorado; traía por mangas unas alas y de ellas salían unas cintas anchas, de las cuales pendía en el medio de las espaldas una calabaza mediana, que, por unos agujerillos que tenía, estaba toda injerta de rosas, y dentro de ella diversas cosas de superstición. Iba este viejo, así ataviado, delante de todo el aparato, muy humilde, contrito y cabizbajo, y en llegando al puesto, que era al pie de las gradas, hacía una grande humillación, y haciéndose a un lado, llegaban las mozas con la comida y [la] iban poniendo en hilera, llegando, una a una, con mucha reverencia. En habiéndola puesto, tornaba el viejo a guiarlas y volvíanse a sus recogimientos. Acabadas ellas de entrar salían los mancebos y ministros de aquel templo, alzaban de allí aquella comida y metíanla en los aposentos de las dignidades y sacerdotes, los cuales habían ayunado cinco días arreo, comiendo solo una vez al día, apartados de sus mujeres, y no salían del templo aquellos cinco días, azotándose reciamente con sogas. Comían de aquella comida divina, que así la llamaban, toda cuanta podían, de la cual a ninguno era lícito comer sino a ellos. En acabando el pueblo de comer, tornaba a recogerse en el patio a celebrar y ver el fin de la fiesta, donde sacaban un esclavo, que había representado al ídolo un año, vestido, aderezado y honrado como el mismo ídolo. Y haciéndole todos reverencia, lo entregaban a los sacrificadores, que al mismo tiempo salían. Tomándole de pies y manos, el papa le cortaba el pecho y le sacaba el corazón alzándolo con la mano todo lo que podía, mostrándolo al Sol y al ídolo, como queda ya referido.

Muerto este que representaba al ídolo, llegábanse a un lugar consagrado y diputado para el efecto, y salían los mozos y mozas del templo con el aderezo sobredicho, donde, tañéndoles las dignidades del templo, bailaban y cantaban, puestos en orden junto al atambor. Todos los señores, ataviados con las insignias que los mozos traían, bailaban en rueda alrededor de ellos, En este día no moría de ordinario más que este sacrificado, porque solamente de cuatro en cuatro años morían otros con él, y cuando éstos morían era el año de jubileo e indulgencia plenaria. Hartos ya de tañer, cantar, comer y beber, a puesta de Sol, íbanse aquellas mozas a sus retraimientos y tomaban unos grandes platos de barro, llenos de pan amasado con miel y encubiertos con unos fruteros labrados de calaveras y huesos de muertos cruzados y llevaban la colación al ídolo. Subían hasta el patio que está antes de la puerta del oratorio y poníanlo allí, yendo su maestresala delante, y luego se bajaban por el mismo orden que lo habían llevado. Salían luego los mancebos, todos puestos en orden, con sus cañas en las manos [y] arremetían a las gradas del templo, procurando llegar más presto unos que otros a los platos de la colación. Las dignidades del templo tenían cuenta del primero, segundo, tercero y cuarto que llegaban, no haciendo caso de los demás, hasta que todos arrebataban de aquella colación, lo cual llevaban como grandes reliquias. Hecho esto, [a] los cuatro que primero llegaron tomaban en medio las dignidades y ancianos del templo y, con mucha honra, los metían en los aposentos, bañándoles y dándoles muy buenos aderezos, y de allí adelante los respetaban y honraban como a hombres señalados. Acabada la presa de la colación, celebrada con mucho regocijo, risa y gritería, a todas aquellas mozas que habían servido al ídolo, y a los mozos, les daban licencia para que se fuesen y, así, unas tras otras salían para irse. Al tiempo que ellas salían, estaban todos los muchachos de los colegios y escuelas a la puerta del patio, todos con pelotas de juncia y de yerbas en las manos, y con ellas las apedreaban, burlando y escarneciendo de ellas, como gente que se iba del servicio del ídolo. Iban con libertad de disponer de su voluntad. Y con esto se daba fin a esta solemnidad.

La pintura de este ídolo es la que se sigue.

[Este ídolo se llama Tezcatlipuca, era de una piedra negra relumbrante].

Capítulo III. Del templo de este ídolo Tezcatlipuca, donde se trata por junto y en común de las ceremonias y orden de las dignidades y sacerdotes que había

Por ser este ídolo dios de la penitencia tenía más ceremonias que otro alguno, por cuya causa se contarán en este capítulo todas las ceremonias y orden que había entre las dignidades y sacerdotes, porque en él se hallarán todas las cosas que usaban en las otras solemnidades, que casi todas se refieren a esta fiesta. En la gran ciudad de México y en la de Tezcuco, que eran las dos más insignes de la tierra, y donde había y florecía toda la policía, buen orden, concierto y acierto, así en las cosas de gobierno como en las ceremonias y ritos de los dioses, tenían [a] este ídolo Tezcatlipuca pintado en dos maneras: la una como ya queda referido, y la otra asentado con mucha autoridad en un escaño, rodeado de una cortina colorada, labrada de calaveras y huesos de muertos cruzados. Tenía en la mano izquierda una rodela blanca con cinco piñas de algodón puestas en cruz; en la mano derecha una vara arrojadiza, amenazando con ella, el brazo muy extendido, denotando que la quería arrojar. De entre la rodela salían cuatro flechas. Estaba con un semblante y denuedo airado, el cuerpo todo untado de negro y la cabeza llena de plumas de codornices. Poníanlo así porque le tenían por el dios que enviaba a otras ciudades hambre y esterilidad de tiempos y pestilencias. Todas las mujeres que tenían niños enfermos acudían a aplacar a este ídolo, ofreciendo los niños en su templo, ante los sacerdotes, los cuales los tomaban y les ponían las insignias y traje del ídolo, que era untarles con la unción de este dios y emplumarles las cabezas con plumas de codornices o de gallinas. Con este mismo traje se adornaban los sacerdotes del templo cuando iban a los montes a ofrecer sacrificios, con que iban muy seguros y sin temor, porque de ordinario iban de noche. El templo de este ídolo no era menos galano y torreado que el de Huitzilopuchtli, porque era labrado con tanta curiosidad de efigies, tablas y revocados que placería mucho a la vista. Tenía dentro de su patio y cerca muchos aposentos; unos de las dignidades particulares de aquel templo, que eran como supremas dignidades. Lo mismo había en los demás templos de los dioses más preeminentes por ser, como eran, como iglesias catedrales. En estos templos había siempre aposentos de mancebos recogidos, que se enseñaban para suceder a los viejos en el culto y ceremonias, guardando gran recogimiento, pobreza y obediencia, ejercitándose en el rigor de la penitencia de los ancianos. Había, asimismo, las mozas recogidas en el modo y manera que ya queda referido.

El templo de este ídolo era en la manera que se sigue.

[Templo del ídolo Tezcatlipuca.]

Los ritos, ceremonias y traje de los sacerdotes de este templo y [de] los demás eran de una manera. No se elegían estos como los ministros del ídolo Huitzilopuchtli, que habían de ser forzosamente de ciertos barrios particulares que él tenía señalados; estos otros eran gente ofrecida desde su niñez al templo por sus padres y madres, los cuales se criaban en los templos, y de ordinario les ofrecían por enfermedades o peligros en que se veían. Eran distintos en la elección de los de Huitzilopuchtli, Pero no diferentes en la mucha aspereza, penitencia y continuo rigor con que se trataban y gran perseverancia en sus honrosos ejercicios. De estos niños había casa particular, como escuela o pupilaje, distinto del de los mozos y mozas del templo, donde había gran número de muchachos, los cuales tenían ayos y maestros que los enseñaban e industriaban en buenos y loables ejercicios: a ser bien criados, a tener reverencia a los mayores, a servir y obedecer; dábanles, asimismo, documentos para servir a los señores, porque cupiesen entre ellos y les fuesen agradables; enseñábanles a cantar y danzar; industriábanlos en ejercicios de guerra, como tirar una flecha, fisga o vara tostada a puntería, a mandar bien una rodela y espada; enseñábanlos a dormir mal y comer peor para que desde niños supiesen de trabajos y no fuesen gente regalada. Había en estos recogimientos hijos de señores y de gente vulgar, y aunque estaban más respetados y mirados, trayéndoles la comida de sus casas. Estaban encomendados a viejos y ancianos, los cuales miraban mucho por ellos, predicándoles y amonestándoles continuamente que fuesen virtuosos, que viviesen castamente, que ayunasen y en comer fuesen templados, y el paso moderasen con reposo y mesura y no apresuradamente, Probábanlos en algunos trabajos y pesados ejercicios para conocer en ellos lo que aprovechaban en la virtud.

Después de ya criados y enseñados en los ejercicios dichos, consideraban en ellos la inclinación que cada uno tenía. Si le veían con ánimo de ir a la guerra, en teniendo edad, luego que se ofrecía coyuntura disimuladamente, so color de que llevasen la comida y bastimentos a los soldados, lo enviaban para que allá viese lo que pasaba y el trabajo que se padecía, [para que perdiese] el miedo. Y muchas veces les echaban unas cargas pesadas para que, mostrando ánimo en aquello, con más facilidad los admitiesen a la compañía de los soldados. Y así acontecía muchas veces ir con carga al campo y volver por capitán y con insignias de valeroso, y otros quererse señalar tanto, que quedaban presos y muertos, porque muchas veces antes se dejaban hacer pedazos que dejarse prender. Y por la mayor parte, los que a esto se inclinaban eran los hijos de valerosos hombres, señores y caballeros. Otros se aplicaban a religión; a los cuales, en siendo de edad, los sacaban del recogimiento y traían a los aposentos del templo, poniéndoles insignias de eclesiástico. Hallaban en estas casas maestros y prelados que los enseñaban e imponían en todo lo concerniente a este oficio. Desde el día que entraban, lo primero que hacían era dejar crecer el cabello; lo segundo, untarse de pies a cabeza con una unción negra, cabellos y todo. De esta unción, que ellos se ponían mojada, venía a crearse en el cabello unas como trenzas que parecían crines de caballo encrisnejadas y con el largo tiempo crecíales tanto el cabello que venía a dar a las corvas. Era tanto el peso que en la cabeza traían que pasaban grandísimo trabajo, porque no lo cortaban ni cercenaban hasta que morían, o hasta que ya muy viejos los jubilaban o ponían en cargos de regimientos u otros oficios honrosos en la república. Traían estos las cabelleras trenzadas [atrás] con unas trenzas de algodón como seis dedos de ancho.

El humo con que se tiznaban era ordinario de tea, porque desde sus antigüedades fue siempre ofrenda particular de sus dioses y, por esto, muy temido y reverenciado. Estaban con esta tierra siempre untados de los pies a la cabeza, que parecían hombres etiopianos muy atezados. Esta era su ordinaria unción; cuando iban a sacrificar y a encender incienso a las espesuras y cumbres de los montes, y a las cuevas oscuras y temerosas, donde tenían sus ídolos, usaban de otra unción diferente, haciendo diversas ceremonias para perder el temor y cobrar gran ánimo. Esta unción era hecha de diversas sabandijas ponzoñosas, como arañas, alacranes, ciempiés, salamanquesas, víboras, etc. Las cuales recogían los muchachos de estos colegios, y eran tan diestros que tenían muchas juntas y en cantidad para cuando los sacerdotes las pedían. Su particular cuidado era andar a caza de estas sabandijas y, si acaso yendo a otra cosa topaban alguna, ponían el cuidado en cazarla, como si les fuera en ello la vida. Por cuya causa, de ordinario, no tenían temor estos indios de estas sabandijas ponzoñosas, tratándolas como si no fueran ponzoñosas por haberse criado todos en este ejercicio. Para hacer el ungüento de estas, tomábanlas juntas y quemábanlas en el brasero del templo que estaba delante del altar hasta que quedaban hechas cenizas, la cual echaban en unos morteros con mucho tabaco, que es una yerba que esta gente usa para amortiguar la carne y no sentir el trabajo, y revolvían aquellas cenizas, que les hacía perder la fuerza de matar. Echaban juntamente con esta yerba y cenizas algunos alacranes y arañas vivas y ciempiés, y allí lo revolvían y majaban. Después de todo esto, le echaban una semilla molida que llaman ololiuhqui, que toman los indios bebida para solo ver visiones, cuyo efecto es privar de juicio. Molían, asimismo, con estas cenizas gusanos negros peludos que solo el pelo tiene ponzoña. Todo esto junto amasaban con tizne y, echándolo en unas olletas, poníanlo delante de su dios, diciendo que aquella era su comida. Y así la llamaban «comida divina». Con esta unción se volvían brujos y veían y hablaban con el demonio. Embijados los sacerdotes con esta masa perdían todo temor, cobrando un espíritu de crueldad: así mataban los hombres en los sacrificios con grandísima osadía e iban de noche solos a los montes, cuevas, quebradas sombrías, oscuras y temerosas, menospreciando las fieras. Teniendo por muy averiguado que los leones, tigres, lobos, serpientes y otras fieras que en los montes se crían huirían de ellos por virtud de aquel betún de dios. Y aunque no huyesen del betún, huirían de ver un retrato del demonio en que iban transformados. También servía este betún para curar los enfermos y niños, por lo cual le llaman «medicina divina». Y así, acudían de todas partes a las dignidades y sacerdotes, como a saludadores, para que les aplicasen la medicina divina, y ellos les untaban con ella la parte enferma. Y afirman que sentía notable alivio. Debía esto de ser porque el tabaco y el ololiuhqui tienen gran virtud de amortiguar y aplicado por vía de emplasto amortiguaba las carnes y eso solo por sí. ¡Cuanto más con todo género de ponzoñas! Y como les amortiguaba el dolor, parecíales efecto de sanidad y de virtud divina. Acudían a estos sacerdotes como a hombres santos, los cuales traían engañados y envanecidos [a] los ignorantes, persuadiéndoles [de] cuanto querían, haciéndoles acudir a sus medicinas y ceremonias diabólicas, porque tenían tanta autoridad que bastaba decirles ellos cualquier cosa, para que lo tomaran por artículo de fe. Y así, hacían en el vulgo mil supersticiones, en el modo de ofrecer incienso, en la manera de cortar el cabello, en atar palillos a los cuellos, hilos en las gargantas y huesezuelos de culebras; que se bañen a tal y tal hora; que velen de noche a un fogón, y que no coman otra cosa de pan sino de lo que ha sido ofrecido a sus dioses. Luego, acudían a los sopladores y sortilegios, que con ciertos granos echaban suertes y adivinaban mirando en lebrillos y cercos de agua. Las figuras de estos sacerdotes son a modo de esta pintura.

[Sacerdotes que sacrificaban.]

El perpetuo ejercicio de estos sacerdotes era incensar a los ídolos cuatro veces, entre día y noche. La primera era en amaneciendo, la segunda en mediodía, la tercera, a puesta del Sol, y la cuarta, a media noche. A esta hora se levantaban todas las dignidades del templo y en lugar de campanas tocaban unas bocinas y caracoles grandes, y otros, unas flautillas, y tañían un gran rato un sonido triste. Después de haber tañido, salía el semanero o hebdomadario, vestido con una ropa larga hasta las corvas, como dalmática, y con su incensario en la mano lleno de brasa, la cual tomaba del fogón que perpetuamente ardía delante, y en la otra mano con una bolsa llena de incienso, del cual echaban en el incensario. Entrando donde estaba el ídolo le incensaba con mucha reverencia. Hecho lo cual, dejaba el incensario, y tomaba un paño con que limpiaba y sacudía el polvo del altar y las cortinas que estaban por ornato del templo. Estando ya la pieza donde estaba el ídolo bien perfumada y llena de humo, salíase el sacerdote [e] íbase a su recogimiento. Lo mismo hacían en las demás horas sobredichas por el mismo orden. Todos los días [hacían esto] sin faltar ninguno. Acabada la ceremonia, que a media noche se hacía, luego se iban a un lugar de una pieza ancha, donde había muchos asientos, y allí se sentaban, y tomando cada uno una puya de maguey, u otro género de lanceta de navaja, sangrábanse las pantorrillas junto a la espinilla y exprimiendo la sangre, untábanse las sienes con ella. Con la demás sangre untaban las puyas o lancetas y poníanlas entre las almenas de la cerca del patio, hincadas en unos globos de paja que allí había de ordinario para aquel efecto, y dejábanlas allí para que, viéndolas todos, entendiesen la penitencia que hacía en sí mismos por el pueblo. Había gran número de estas puyas y lancetas en el templo, a causa de que las iban quitando y guardando y poniendo otras, porque ninguna había de servir dos veces. Y así, había muchas guardadas con grande veneración en memoria de la sangre que ofrecían a su dios. Acabado este sacrificio, salían todos a aquella misma hora del templo e íbanse a una pequeña laguna, que estaba hacía el occidente, la cual tenía por nombre Ezapan, que quiere decir «lugar de agua sangrienta», y allí se lavaban de aquella sangre que se habían puesto en las sienes. Volvíanse luego al templo, tornándose a untar con la tizne, y los mayorales mandaban a los sirvientes que barriesen el patio y las gradas, lo enramasen todo y fuesen por leña, porque era ceremonia que ninguna leña se quemase, sino aquella que ellos mismo traían, y no la podían traer otros sino los diputados para el brasero divino, en el cual nunca había de faltar lumbre, como queda referido.

Demás de estas vigilias y sacrificios, hacían estos sacerdotes otras grandes penitencias, como ayunar cinco y diez días arreo antes de algunas fiestas principales, a manera de cuatro témporas. Guardaban tan estrechamente la continencia que muchos de ellos, por no venir a caer en alguna flaqueza, se hendían por medio los miembros viriles, y hacían mil cosas para hacerse impotentes para no ofender a sus dioses. No bebían vino; dormían muy poco, porque los más de sus ejercicios eran de noche, como era atizar la lumbre, ir a los montes a ofrecer sacrificios por los que se los encomendaban, que eran muchos y muy de ordinario, llevando ofrendas de incienso, vino, y otras resinas, diversas comidas, cestillos, vasos, y escudilleras, que eran como la limosna del sacrificio. En fin, ellos se martirizaban cruelísimamente, siendo con tan ásperas penitencias mártires del demonio. Todo con intento de que los tuviesen por santos, ayunadores y penitentes. Y así, el que más penitencia podía hacer, más hacía con este intento, de lo cual recibía gran contento y vanagloria. También era su oficio enterrar [a] los muertos y hacerles exequias. Los lugares donde los enterraban eran las sementeras y patios de sus propias casas; a otros llevaban a los sacrificaderos de los montes, a otros quemaban y enterraban las cenizas en los templos. A todos enterraban con cuanta ropa, joyas y piedras tenían, y a los que quemaban, metían las cenizas en unas ollas y en ellas las joyas y piedras y atavíos por ricos que fuesen. Cantábanles oficios funerales, como responsos, y los lamentaban muchas veces, haciendo grandes ceremonias. En estos mortuorios, comían y bebían y, si era persona de calidad, daban de vestir a todos los que habían acudido al enterramiento. En muriendo alguno, poníanle tendido en un aposento, hasta que acudían de todas partes los amigos y conocidos, los cuales traían presentes al muerto y le saludaban como si fuera vivo. Y si era rey señor de algún pueblo, le ofrecían esclavos para que los matasen con él y le fuesen a servir al otro mundo. Mataban, asimismo, al sacerdote o capellán que tenían, porque todos los señores tenían un sacerdote que dentro de casa le administraba las ceremonias y así, le mataban para que fuese a administrar al muerto. Mataban al maestresala, al copero, a los corcovados y corcovadas (que de estos se servían mucho), y a los enanos que más le habían servido. Lo cual era grandeza entre los señores: servirse de sus enanos y de todos los referidos. Finalmente, mataban a todos los de su casa para llevar a poner casa al otro mundo. Porque no tuviesen allá pobreza, enterraban [con él] mucha riqueza de oro, plata, joyas, piedras ricas, cortinas de muchas labores, brazaletes de oro y plumas ricas. Y si quemaban al difunto, hacían lo mismo con toda la gente y atavíos que le daban para el otro mundo [y] tomaban toda aquella ceniza y enterrábanla con gran solemnidad. Duraban las obsequias diez días de lamentables y llorosos cantos. Sacaban los sacerdotes a los difuntos con diversas ceremonias, según ellos lo pedían, las cuales eran tantas que casi no se podían numerar. A los capitanes y a los grandes señores les ponían sus insignias y trofeos, según las hazañas y valor que habían tenido en las guerras y gobierno, que para todo esto tenían sus particulares blasones, insignias y armas. Llevaban todas estas señales delante del cuerpo al lugar donde había de ser enterrado o quemado, acompañándole con ellas en procesión, donde iban los sacerdotes y dignidades del templo con diversos aparatos: unos incensando y otros cantando, y otros tañendo tristes flautas y atambores, a lo cual aumentaba mucho el llanto de los vasallos y parientes. El sacerdote que hacia el oficio iba ataviado con las insignias y atavíos del ídolo a quien había representado el muerto, porque todos los señores representaban a los ídolos y tenían sus renombres, por cuya causa eran tan estimados y honrados. Estas insignias sobredichas llevaba de ordinario la orden de la caballería. Y al que quemaban, después de haberle llevado al lugar donde había de hacer las cenizas, rodeábanle de tea a él y a todo lo perteneciente a su matalotaje, como queda dicho, y pegábanle fuego, aumentándolo siempre con maderas resinosas, hasta que todo se hacía cenizas. Salía luego un sacerdote vestido con unos atavíos de demonio, con bolsas por todas las coyunturas, [y] muchos ojos de espejuelos, con una gran palo, y con él revolvía todas aquellas cenizas con gran animo y denuedo. El cual hacía una representación tan fiera que ponía grima a todos los presentes, y algunas veces este ministro sacaba otros trajes diferentes, según era la calidad del que moría.

El modo que tenía de componer a los difuntos es este que se sigue.

[El modo como enterraban los difuntos.]

Casaban, asimismo, los sacerdotes en esta forma: poníanse el novio y la novia juntos delante del sacerdote, el cual tomaba por las manos a los novios y les preguntaba si se querían casar y sabida la voluntad de ambos, tomaba un canto del velo con que ella traía cubierta la cabeza y otro de la ropa de él, y atábanlos haciendo un nudo y, así atados, llevábanlos a la casa de ella, donde tenían un fogón encendido, y a ella hacíanla dar tres vueltas alrededor, donde se sentaban juntos los novios, y así quedaba hecho el matrimonio. Eran celosísimos en la integridad de sus esposas, tanto que si no las hallaban tales, con señales y palabras afrentosas lo daban a entender, con gran confusión y vergüenza de los padres y parientes, porque no miraron bien por ella; y a la que conservaba su honestidad, hallándola tal, hacían grandes fiestas, dando muchas dádivas a ella y a sus parientes, haciendo grandes ofrendas a los dioses y gran banquete: uno en casa de ella y otro en casa de él. Cuando la llevaban a su casa ponían por memoria todo lo que él y ella traían de provisión de casa, tierras, joyas y atavíos. Guardaban esta memoria los padres de ellos, porque si acaso se viniesen a descasar (como era costumbre entre ellos en no llevándose bien) hacían partición de los bienes conforme a lo que cada uno trajo, dándoles libertad para que cada uno se casase con quien quisiese, y a ella le daban las hijas y a él los hijos. Mandábanles estrechamente que no se tornasen a juntar so pena de muerte. Y así se guardaba con mucho rigor.

Tenían también sus bautismos con esta ceremonia, y es que a los niños recién nacidos les sacrificaban las orejas y el sexo viril. Esta ceremonia se hacía especialmente con los hijos de los reyes y señores. A estos, en naciendo, si eran varones, los lavaban los sacerdotes y, después de lavados, poníanles en la mano derecha una espada pequeña, y en la otra una rodelilla. Hacían esta ceremonia cuatro días continuos, ofreciendo sus padres grandes ofrendas por ellos. Y si era hija, después de lavada cuatro veces, poníanle en la mano otras tantas un aderezo pequeño de hilar y tejer con los dechados de labores. A otros niños les ponían al cuello carcajes de flechas y arcos en las manos. A los hijos de la demás gente vulgar les ponían las insignias de lo que por el signo en que nacían conocían y adivinaban [por] los sortilegios: si su signo le inclinaba a pintor, poníanle un pincel en la mano; si a carpintero, dábanle una hachuela, y así de los demás. Hacíanse todas estas ceremonias a la semejanza del ídolo, que como queda dicho, era un esclavo que sacrificaban el día de la fiesta del ídolo y, acabado de sacrificar éste, luego ofrecían otro esclavo y dábanlo a los sacerdotes, renovándolo cada año para que nunca faltase la semejanza viva del ídolo. El cual luego que entraba en el oficio, después de muy bien lavado, le vestían todas las ropas e insignias del ídolo, poníanle su mismo nombre, y andaba todo el año tan honrado y reverenciado como el mismo ídolo. Traía siempre consigo doce hombres de guarda, porque no se huyese, y con esta guarda le dejaban andar libremente por donde quería, y si acaso se huía, el principal de la guarda entraba en su lugar para representar el ídolo y después ser sacrificado. Tenía este ídolo el más honrado aposento en el templo, donde comía y bebía, y donde todos los señores y principales le venían a servir y reverenciar, trayéndole de comer con el aparato y orden que a los grandes. Y cuando salía por la ciudad iba muy acompañado de señores y principales, y llevaba una flautilla en la mano, que de cuando en cuando tocaba, dando a entender que pasaba, y luego las mujeres salían con sus niños en los brazos y se los ponían delante saludándole como a dios; lo mismo hacía la demás gente. De noche le metían en una jaula de recias viguetas, porque no se fuese, hasta que llegada la fiesta le sacrificaban como queda dicho.

Capítulo IV. Del ídolo llamado Quetzalcoatl, dios de los cholultecas, que eran los famosos mercaderes de esta tierra

Aunque en el capítulo pasado queda dicho en sustancia todo lo que toca al culto de los dioses que esta gente adoraba. Pero porque este ídolo, llamado Quetzalcoatl, era [el dios] de los mercaderes de esta tierra, los cuales residían en una gran ciudad que llaman Cholula, y por ser dios de gente rica, era honrado con particulares ceremonias fuera de las ordinarias y ricamente ataviado, se hará aquí particular mención de él. Era este ídolo muy celebrado y festejado de todos los mercaderes, tanto que el día en que se solemnizaba su fiesta gastaban cuanto en todo el año habían granjeado, pretendiendo aventajarse a las demás ciudades por mostrar y dar a entender la grandeza y riqueza de Cholula. Estaba este ídolo en un templo alto, muy autorizado, en una ancha y larga pieza, puesto sobre un altar ricamente aderezado, teniendo alrededor de sí oro, plata, joyas, plumas ricas, ropas de mucho valor y diversas labores. Era este ídolo de madera en figura de hombre, excepto que la cara era de pájaro, con un pico y sobre él una cresta y verrugas, con unas ringleras de dientes en la lengua de fuera; desde el pico hasta la media cara era amarillo con una cinta negra, que le venía ciñendo junto a los ojos por debajo del pico. Tenía en la cabeza una mitra de papel puntiaguda, pintada de negro, blanco y colorado. De esta mitra colgaban unas tiras largas pintadas, con unos flecos al cabo, que se tendían a las espaldas. Tenía en las orejas unos zarcillos de oro, de hechura de unas orejas, y al cuello un joyel de oro grande, a manera de ala de mariposa, colgado de una cinta de gamuza colorada. Tenía vestida una cortina muy labrada, de negro, colorado y pluma con espacios blancos. En las piernas tenía unas calcetas de oro y en los pies unas sandalias de lo mismo. En la mano [derecha tenía] un instrumento de madera de hechura de hoz, pintado de negro, blanco y colorado, y junto a la empuñadura tenía una borla de gamuza blanca y negra, y en la mano izquierda, una rodela de plumas blancas y negras, todas de aves marinas, con cantidad de rapacejos de la misma pluma muy espesos. Este era su ordinario ornato, aunque en diversas solemnidades lo iban variando.

Solemnizábase la fiesta de este ídolo en esta forma. Cuarenta días antes compraban los mercaderes un esclavo que fuese bien hecho, sin mácula si señal alguna, así de enfermedad como de herida o golpe alguno. A este le vestían con los atavíos del mismo ídolo para que le representase estos cuarenta días. Y antes que le vistiesen, le purificaban, lavándole dos veces en el lago que llamaban de los dioses y, siendo purificado, le vestían en la forma que el ídolo estaba. Era muy reverenciado en estos cuarenta días, por lo que, cuando se presentaba, traía su guarda muy cumplida con otra mucha gente que le acompañaba. Enjaulábanlo de noche, como queda dicho de los demás, porque no se les huyese; luego, de mañana, lo sacaban de la jaula y lo ponían en lugar preeminente y allí le servían, dándole de comer preciosas viandas. Y después de haber comido, poníanle sartales de rosas al cuello y muchos ramilletes en las manos. Salían luego con él por la ciudad, el cual iba cantando y bailando por toda ella para ser conocido por semejanza de su dios. Y en comenzando a cantar, salían de las casas las mujeres y niños a saludarle y ofrecerle ofrendas, como a dios. Nueve días antes de la fiesta, venían ante él dos viejos muy venerables de las dignidades del templo y humillándose ante él le decían con una voz muy humilde y baja:

—«Señor, sabrás que de aquí a nueve días se te acabará este trabajo de bailar y cantar, porque entonces has de morir». Y él había de responder: que fuese muy enhorabuena. Llamaban a esta ceremonia neyolmaxiltiliztli, que quiere decir «el apercibimiento». Cuando le apercibían mirábanle con mucha atención y si veían que se entristecía y que no bailaba con aquel contento que solía, ni con la alegría que ellos deseaban, hacían una superstición asquerosa, [y] era que iban luego y tomaban las navajas del sacrificio y lavábanles la sangre humana que estaba en ellas pegada de los sacrificios pasados, y con aquellas babazas hacíanle una bebida mezclada con otra que por acá llaman cacao. Dábansela a beber porque decían que hacía tal operación en él, que quedaba sin ninguna memoria de lo que le habían dicho y casi insensible, volviendo luego al ordinario contento. Y aun dicen que con este medio, él mismo con mucha alegría se ofrecía a morir, siendo enhechizado con aquel brebaje. La causa porque procuraban quitar a éste la tristeza era porque lo tenían por muy mal agüero y pronóstico de algún gran mal. Llegado el día de la fiesta, a media noche, después de haberle hecho mucha honra de música e incienso, tomábanle los sacrificadores, y sacrificábanle al modo arriba dicho, haciendo ofrenda de su corazón a la Luna y después arrojándolo al ídolo, dejando caer el cuerpo por las gradas del templo abajo, de donde le alzaban los que lo habían ofrecido, que eran los mercaderes, cuya fiesta era ésta, y llevábanlo a la casa del más principal y allí lo hacían guisar en diferentes manjares, para celebrar, en amaneciendo, el banquete y comida de la fiesta, dando primero los buenos días al ídolo con un pequeño baile que hacían mientras amanecía y se guisaba el sacrificado.

Juntábanse después a este banquete todos los mercaderes, especialmente los que tenían trato de comprar o vender esclavos, a cuyo cargo era ofrecer cada año un esclavo para la semejanza de su dios.

Era este ídolo de los más principales de esta tierra como queda referido. El templo en que estaba era de mucha autoridad, el cual tenía sesenta gradas para subir a él, y en la cumbre de ellas se formaba un patio de mediana anchura muy curiosamente encalado. En medio de él había una pieza grande y redonda, a manera de horno, y la entrada estrecha y baja, que para entrar era menester inclinarse mucho. Tenía este templo los aposentos que los demás, donde había recogimientos de sacerdotes y de mozos y mozas y de muchachos, como queda dicho, a los cuales asistía solo un sacerdote que continuamente residía allí, el cual era como semanero porque puesto caso que había de ordinario tres o cuatro curas o dignidades en cualquier templo, servía cada uno una semana sin salir de allí. El oficio del semanero de este templo, después de la doctrina de los mozos, era que todos los días a la hora que se pone el Sol tañía un grande atambor, haciendo señal con él, como nosotros usamos tañer a la oración. Era tan grande este atambor que su sonido ronco se oía por toda la ciudad y, en oyéndolo, se ponían todos en tanto silencio que parecía no haber hombre, desbaratándose los mercados, recogiéndose la gente, con que quedaba todo en gran quietud y sosiego. Al alba, cuando ya amanecía, y así los caminantes y forasteros se apresuraban con aquella señal para proseguir sus viajes, estando hasta entonces impedidos para salir de la ciudad. Este templo tenía un patio mediano, donde el día de su fiesta se hacían grandes bailes, regocijos, y muy graciosos entremeses, para lo cual había en medio de este patio un pequeño teatro de a treinta pies en cuadro, curiosamente encalado, el cual enramaban y aderezaban para quel día con toda la policía posible, cercándolo de arcos hechos de toda diversidad de rosas y plumería, colgando a trechos muchos pájaros y conejos, y otras cosas apacibles. Donde, después de haber comido, se juntaba toda la gente, y salían los representantes de los entremeses, fingiéndose sordos, arromadizos, cojos, ciegos y mancos, viniendo a pedir sanidad al ídolo: los sordos respondiéndole adefesios y los arromadizos, tosiendo y sonándose, y los cojos, cojeando, decían sus miserias y quejas, que hacían reír grandemente a los del pueblo. Otros salían en nombre de las sabandijas, unos vestidos como escarabajos y otros como sapos y otros como lagartijas, etc., y encontrándose allí referían sus oficios y volviéndose cada uno por sí tocaban algunas fábulas de que gustaban sumamente los oyentes, porque eran muy ingeniosas. Fingían, asimismo, muchas mariposas y pájaros de diversos colores, sacando vestidos a los muchachos del templo en estas formas, los cuales se subían en una arboleda que allí plantaban [y] los sacerdotes del templo les tiraban con cerbatanas, donde había en defensa de unos y ofensa de los otros graciosos dichos con que entretenían mucho a los circunstantes. Lo cual [era] concluido haciendo un gran mitote o baile con todos estos personajes. Y esto acostumbraban hacer en las más principales fiestas. La figura del ídolo Quetzalcoatl es esta que se sigue, cuyo nombre quiere decir «Culebra de pluma rica».

[Ídolo de los cholultecas llamado Quetzalcoatl, que quiere decir «Culebra de pluma rica».]

Demás de los sobredichos ídolos tenían otros muy muchos cuyos ritos y ceremonias por ser tan semejantes a los sobredichos, por evitar prolijidad, no se ponen aquí, solo se añade otro género de sacrificio que en diversas fiestas tenían, el cual llamaban tlacaxipehualiztli, que quiere decir «desollamiento de personas». Llamábase así porque en ciertas fiestas tomaban un esclavo o esclavos (según el número que querían) y, degollándolos, les desollaban el cuero, el cual se vestía una persona diputada para esto. Este andaba por todas las casas y mercados de las ciudades, cantando y bailando, y habíanle de ofrecer todos y al que no ofrecía le daba con un canto del pellejo por el rostro, untándole con aquella sangre que tenía cuajada. Duraba esta invención hasta que el cuero se corrompía. En este tiempo, juntaban estos que así andaban mucha limosna, la cual se gastaba en cosas necesarias al culto de sus dioses.

En muchas de estas fiestas hacían un desafío entre el que había de sacrificar y el sacrificado en esta forma: ataban al esclavo a una rueda grande de piedra de un pie con una espada y rodela en las manos y dábanle licencia para que se defendiese todo lo que pudiese. Salía luego el que había de sacrificar armado con otra espada y rodela, y si el que había de ser sacrificado prevalecía contra el otro, quedaba libre del sacrificio y con el nombre de capitán famoso, y como tal era después tratado; pero si era vencido, allí en la misma piedra hacían de él sacrificio, cuya pintura es la que se sigue.

[Desafío de soldados que sacrificaban: el que había de ser sacrificado ataban a una rueda y si podía más que ese suelto, se libraba y entraba el vencido al sacrificio.]

Tenían, asimismo, diosas. La principal de ellas era una a que llamaban Toci, que quiere decir «Nuestra abuela», que, como se ha dicho en la historia de los reyes, fue una hija del rey de Culhuacan, que fue la primera que desollaron por mandado de Huitzilopuchtli, haciéndola de esta arte su hermana. Desde entonces comenzaron a usar este género de desollar en los sacrificios, entendiendo que quería su dios ser servido de esta suerte. Y el otro sacrificio de sacar los corazones, les enseñó el mismo ídolo cuando él mismo los sacó a los que castigó en Tula, como queda referido en la historia de los mexicanos. Y así no ponen tanta admiración estas crueldades por haber sido dictadas del mismo demonio, a quien si no obedecían, los castigaba crudelísimamente, y así le tenían tanto respeto y temor. Y para que conste de algunas figuras de estas diosas por donde se infieran las demás, que todas eran casi de una suerte, se ponen aquí por junto.

Capítulo V. Que una de ellas se llamaba Toci, que quiere decir «Nuestra abuela», hija del rey de Culhuacan
Una de estas diosas tuvo un hijo, grandísimo cazador, que después tomaron por su dios los de Tlaxcallan, donde había gran copia de cazadores, por ser la tierra aparejada para ello. Estos en la solemnidad de su fiesta, por ser gente rica y poderosa, no menos ceremonias y gastos hacían que los demás, en particular los cazadores, porque de las fiestas ordinarias al reír

del alba tocaban una bocina con que se juntaban todos con sus arcos y flechas, redes y otros instrumentos de caza e iban con su ídolo en procesión, [y] tras ellos grandísimo número de gente, a una sierra alta, donde en la cumbre de ella tenían puesta una ramada con muchas frescuras [y] en medio un altar riquísimamente aderezado, donde ponían al ídolo, yendo caminando con él con gran ruido de bocinas, caracoles, flautas y atambores. Llegados al puesto, cercaban toda la falda de la sierra alrededor y, pegándole fuego, salían muchos y diversos animales (venados, gamos, conejos, liebres, zorras, lobos, etc.), los cuales iban hacia la cumbre huyendo del fuego y yendo los cazadores tras de ellos con gran grita y vocería, tocando diversos instrumentos, los llevaban hasta la cumbre delante del ídolo, donde venía a haber tanta apretura de caza que con los saltos, unos rodaban, otros daban sobre la gente y otros sobre el altar, con que había gran regocijo y fiesta. Tomaban entonces gran número de caza y a los venados y animales grandes sacrificaban delante del ídolo sacándoles los corazones con la ceremonia que usaban en los sacrificios de hombres. Hecho lo cual tomaban toda aquella caza a cuestas y volvíanse con su ídolo por el mismo orden que fueron, y entraban por la ciudad con todas estas cosas muy regocijados con gran música, bocinas y atabales hasta llegar al templo, donde ponían a su ídolo con gran reverencia y solemnidad. Ibanse luego todos a guisar las carnes de aquella caza, de que hacían un convite a todo el pueblo. Después de comer, hacían sus representaciones y bailes acostumbrados delante del ídolo, cuya figura es esta que se sigue.

[Ídolo de los Tlaxcaltecas para ir a caza.]

Tenía esta gente, asimismo, su calendario en que celebraban las fiestas sobredichas y las demás que tenían, las cuales, como queda referido, celebraban cada veinte días, y estos eran sus meses y no tenían más número. Era la semana de trece días, la cual señalaban con diversas figurillas de sabandijas, para cada día la suya, como en la pintura se verá. Y estas mismas figuras servían para el mes, añadiendo otras para los días que faltan hasta cumplir el número de veinte. Estas mismas figuras servían para dar nombre a los niños según el día en que nacían, y así los llamaban según las figuras que adelante van figuradas junto a la rueda de los años, que luego se declarará; y así los llamaban, a uno culebra, a otro conejo, etc. Para cada figura de estas tenían los sortilegios y adivinos sus hados y destinos, y así según el día que nacía le necesitaban a aquel lado. Estas mismas figuras sobredichas repetían cada semana y cada mes sin añadir otras, sino solo el número de los días hasta el fin del año, para el cual tenían cuatro signos solos, como nosotros los doce. Llamaban a uno Casa, a otro Conejo, a otro Caña, que pintan como un trocillo con un par de hojas verdes, y al cuarto llamaban Pedernal, el cual pintan como una punta de flecha, porque comúnmente las puntas de sus flechas y lanzas eran de pedernal. Estos cuatro signos servían para los años; pero no entraban todos cuatro en un, año, sino cada año el suyo diferente, poniendo en uno la Caña, en otro el Conejo, etc. Con estos cuatro signos contaban y numeraban todas las cosas que sucedían en los tiempos, especialmente las memorables diciendo, a «tantos pedernales» o «a tantas casas» de tal rueda sucedió tal y tal cosa. La rueda era de cincuenta y dos años, al cabo de los cuales iba a cerrar con una ceremonia, que era [en] la última noche donde se cumplía el número de la rueda. Quebraban cuantas vasijas tenían y apagaban cuantas lumbres había, diciendo que en una de las ruedas había de fenecer el mundo y que por ventura sería aquella en que se hallaban, y [que] pues se había de acabar el mundo, no habían ya de guisar ni comer, que para qué era lumbre ni vasos para aquel efecto. Por esto hacían la ceremonia dicha, quebrando cuanto ajuar tenían de vasos y ollas. La señal que había de haber para acabarse el mundo era que no había de tornar a amanecer más y así se estaban toda la noche en peso velando todos con gran atención para ver si amanecía, y en viendo que venía el día, tocaban muchos atambores, bocinas, flautas, caracoles, y otros instrumentos de regocijo y alegría, diciendo que ya les prorrogaba dios otro siglo, que era de cincuenta y dos años. Y así, cada rueda tenían por un siglo.

Sacaban el día que amanecía para el principio de otro siglo lumbre nueva y compraban vasos de nuevo, ollas, y todos los instrumentos necesarios para guisar de comer. Iban todos por lumbre nueva [a] donde la había sacado el sumo sacerdote, habiendo precedido una solemnísima procesión en hacimiento de gracias, porque les había amanecido y alargado la vida, dándoles otro nuevo siglo. Pintaban esta rueda de años con cuatro colores diferentes, cada trece años de un color, denotando las propiedades de los años que aquel espacio corrían, teniendo a unos por desdichados y estériles y [a] otros por dichosos y abundantes, unos más y menos según las diversas consideraciones que ellos tenían. El modo que tenían de contar los años en esta rueda era siempre en círculo, entreverando los cuatro signos como queda dicho. Y para que mejor se entienda ponen los números de la cuenta en la misma rueda, como unos ceros, comenzando a contar desde la cruz que está en medio de la rueda junto al Sol que está allí pintado, yendo discurriendo por toda ella según el número de los ceros que en ella van puestos. Los cuatro signos del año servían, asimismo, por figuras de la semana y meses, teniéndolos por las cuatro figuras principales y capitales de todo el cómputo y calendario, y así entraban en todo número de tiempo. Era el año del mismo número que el nuestro, el cual comenzaban a contar desde que retoñaban las plantas hasta otro año que tornaban a brotar, y así venía a ser del mismo número que el nuestro, y de ordinario comenzaba por marzo, que es cuando reverdecen las plantas con nuevas hojas. Por cuya causa llamaron al año xihuitl, que es nombre de las hojas verdes, y a la rueda llamaban toximolpili y xiuhtlapili, que quiere decir «una atadura de hojas verdes», conviene a saber de años. Tenían sus bisiestos como nosotros, a los cuales llamaban «días baldíos». E esto es lo que había acerca de los cómputos de esta gente, cuya muestra es esta que se sigue.

[Pie de imagen no disponible en esta edición: Calendario de los indios por do se regían el año, meses y días, vientos, Sol y planetas a su modo.]

Fragmentos

Número 1
[Noticias sobre Motecuczuma I Ilhuicamina]
...Juntos los principales mexicanos, el rey les dijo lo que el rey de Tezcuco pedía y todos dieron la mano a Tlacaellel, el cual respondió en nombre de todos a su rey:
—«Poderoso señor, todos aceptamos la paz y somos contentos con ella y de que se hagan las treguas; pero que sea con una condición, de que no perdamos de nuestra autoridad y derecho. No piensen las naciones de esta tierra que nosotros, acobardados y temerosos, hemos procurado estas treguas y quieran cumplir todas las ciudades cercanas y lejanas con nosotros con hacer treguas, y que nos quedemos sin provecho y utilidad. A mí me parece que entiendan que somos poderosos a vencer a todo el mundo y las demás provincias oigan que hemos vencido a la de Tezcuco, tan grande y larga, y para esto salgan a nosotros la más gente que ser pueda y nosotros saldremos a ellos en el llano de Chicunauhtla o del Chiquiuhyotepetl, lugares de la dicha provincia, y echemos fama que nos han desafiado. Y allí, de una parte a otra, haremos muestras de combatirnos, y a los primeros encuentros vuelvan las espaldas hacia su ciudad, y seguirlos hemos sin matar ni herir a ninguno, fingiendo que los prendemos, siguiéndolos hasta Tecuciztlan, y de allí llegaremos en su seguimiento solo los capitanes y señores hasta Totoltzinco, y de allí podría el rey de Tezcuco pegar fuego a su templo. Luego, cesaremos y quedará nuestra fama y honra sin mancha ninguna, y ellos sin lesión ni enojo, y los macehuales sujetos a nos servir cuando los hubiéremos menester, y las demás provincias y ciudades temerosas y asombradas con la fama de haber destruido a Tezcuco y su provincia». Al rey y a todos pareció bien el consejo de Tlacaellel y mandó al mismo fuese al rey de Tezcuco a decir lo que se había determinado, el cual vino en ello y se fue a su ciudad a dar orden en que se pusiera por obra el concierto arriba dicho. Hecho todo lo que se concertó, y haciendo como vencidos sus ofertas los de Tezcuco y estableciendo las leyes que saben establecer los vencidos, se hicieron las treguas.

Este Motecuczuma el viejo reinó doce años con grandísima paz y quietud y [fue] muy obedecido y respetado de todas las ciudades y provincias comarcanas. En este tiempo comenzó a edificar el templo a su dios Huitzilopuchtli a imitación de Salomón, por consejo de Tlacaellel y de todos sus grandes, y para esto enviaron a llamar a todos los reyes y señores de pueblos y provincias, sus sujetos y vasallos, para que acudieran a su gente y materiales para el edificio del templo.

Para hacer algunas figuras y molduras grandes, eran menester algunas piedras grandes, y viendo que todas las provincias acudían con cuidado a su obligación, enviaron Tlacaellel y huehue Motecuczuma a los señores de Chalco, a suplicarles ayudaran con ellas, pues en su tierra las había y para esto enviaron cuatro de los más principales a Chalco, y daba su embajada, los señores y [el] rey les respondieron algo desabridamente y les mandaron volver otro día por la respuesta.

Vueltos otro día por la respuesta, les dijeron que toda la comunidad chalca estaba muy determinada a no acudir a cosa de lo que les suplicaban y que por llevarlo adelante tomarían las flechas y los arcos. Y con esto volvieron los mensajeros a su rey Motecuczuma y a Tlacaellel.

Luego, los chalcas se apercibieron para [ir] contra los mexicanos y los mexicanos hicieron lo propio para darles la guerra. Y así, salieron de México muchos y muy escogidos soldados con su general Tlacaellel.

Llegados a las manos los dos ejércitos, pelearon con tanto valor, que todo el día en peso gastaron en combatirse sin reconocerse ventaja los unos a los otros, muriendo de ambas partes gran número de gente y despartiéndolos la noche, los mexicanos se retiraron a su ciudad, temiendo alguna celada de sus pueblos, que antes habían vencido, no se levantaron contra ellos.

Para que los chalcas se cansaran, los mexicanos por orden de Tlacaellel, hizo que cinco días arreo por sus escuadras y remudas escaramucearan con los chalcas, y en estas escaramuzas los de Chalco llevaban lo peor. Al sexto día, los mexicanos salieron algo consolados, descansados y bien aderezados, y hallando a los enemigos el sitio que los habían dejado, arremetieron los mexicanos con tan gran ímpetu [que] los hicieron retirar hasta Tlapitzahuayan. Y así, pasaron dejando guardas los unos y los otros, hasta que se pasaron otros cinco días. En esta ocasión, hizo voto Motecuczuma, Tlacaellel y los de su corte de hacer una famosa fiesta a su dios y que el sacrificio había de ser a costa de las vidas y sangre de los chalcas, y que había de ofrecer a su dios en sacrificio de fuego todos los que cautivaran.

Al quinto día volvieron a cargarse los dos ejércitos, y al cabo los mexicanos hicieron retirar a los chalcas hasta un lugar que llaman Cohuatitlan, que cae hacia la parte de Tepopolan. En [este] alcance murió gran número de chalcas, y dicen que no quedó indio ni muchacho del ejército mexicano que no prendiese uno o dos de los chalcas o los matase, de suerte que los cautivos fueron más de quinientos y en llegando a México los sacrificaron a su dios, por cumplir el voto.

El sacrificio de fuego que los mexicanos hacían a su dios era de esta manera: hacían una grande hoguera en un brasero grande hecho en el suelo, al cual llamaban fogón divino, y los echaban vivos en aquella brasa, y antes que acabasen de espirar les sacaban el corazón y lo ofrecían a su dios, bañando todas las gradas y el lugar de la pieza con la sangre de aquellos hombres.

Los mexicanos, engolosinados de carne humana, volvieron otro día a la batalla y encontrando a los chalcas entre Tepopolan y Amecameca, se trabaron de nuevo y de ambas partes hubo muchos muertos y cautivos, peleando todo el día hasta que la noche los despartió. En esta refriega los chalcas mataron a tres hermanos de Motecuczuma y entre los cautivos que llevaron, prendieron a un primo hermano del rey de México, muy valeroso y esforzado mancebo, llamado Ezhuahuacatl y conociéndolo, los chalcas le quisieron levantar por su ley.

Viniendo, pues los de Chalco a elegirle por rey, les dijo que estaba muy bien y que les rogaba que antes que lo eligiesen, y él diese su consentimiento, que le trajesen un madero de veinte brazas y que encima de él le hiciesen un andamio para holgarse con los mexicanos, a los cuales había dicho antes que había de morir con ellos si no los libertaban a todos, que más quería [él] morir que reinar, pues para aquello se había ofrecido a [ir a] la guerra. Lo cual hicieron los chalcas con brevedad y dándole aviso de cómo estaba hecho, salió con todos los mexicanos presos, y mandóles poner un atambor en medio, y comenzaron todos a bailar alrededor del palo. Después que hubo bailado, se despidió de sus mexicanos, diciéndoles:

—«hermanos, yo me voy a morir como valeroso». Y diciendo esto, comenzó a subir el palo arriba y estando encima del tablado, que en la punta del palo estaba, tornó a bailar y cantar, y luego dijo en alta voz:

—«chalcas, habéis de saber que con mi suerte he de comprar vuestras vidas y que habéis de servir a mis hijos y nietos y que mi sangre real ha de ser pagada con la vuestra». Y diciendo esto, arrojóse del palo abajo, el cual se hizo muchos pedazos. Los chalcas, admirados y espantados, comenzaron a temerse de lo que había dicho y luego sacrificaron a los demás presos asaeteándolos a todos, porque este era su modo de sacrificar, porque su dios era el dios de la caza, y así sacrificaban con flechas.

Sentidos en extremo los mexicanos por la muerte de tan ilustres varones, volvieron otra vez de nuevo al lugar de la batalla pasada, con todos los hombres, chicos y grandes de su reino, a vengar las muertes de los suyos y junto a las casas de Amecameca, junto a un cerrito que llaman Itztopatepec, hicieron alto y fabricaron sus tiendas con propósito de no volver a México si no es con victoria o vencidos.

Aquí salieron los chalcas, aunque temerosos de un mal agüero que de unos cuclillos habían tenido, y, dándoles la batalla, los mexicanos salieron con la victoria de Amecameca y Chalco, y sosegaron a las mujeres y viejos, los cuales hicieron sus juramentos como vencidos.

Otros dicen que duró esta guerra tres años. Vencidos los chalcas, mandó huehue Motecuczuma que a todos los que habían hecho su deber en esta guerra se les agujerasen las narices para señalarles por hombres de valor y que entrasen en México con unas plumas y joyas de oro colgadas de las narices a manera de bigotes, pasadas de una parte a otro por medio de la ternilla. Y así se hizo. Lo mismo hicieron a los chalcas que se habían mostrado valerosos en la guerra, igualándolos en la honra, pues en valor habían sido iguales siempre a los mexicanos. De aquí quedaron los unos con los otros por muy amigos y confederados.

Vueltos a México los mexicanos y hechas sus obsequias a los que murieron en la guerra, estando quietos y sosegados, el rey Motecuczuma tuvo nueva cómo los de Tepeacac habían muerto a todos mercaderes de México y Tezcuco, tepanecas y coyohuacas, que andaban en cuadrilla de un tianguis en otro, y luego llamó a Tlacaellel y a sus consejeros, y diciéndoles lo que pasaba, de común acuerdo se determinó que se hiciese guerra a los de Tepeacac y que se la notificasen luego. Enviaron a ello cuatro principales, los cuales en llegando a Tepeacac fueron a hablar al señor del pueblo y le dijeron cómo Motecuczuma, Tlacaellel y los demás señores mexicanos te enviaban una rodela y una espada y unas plumas para que emplumara su cabeza y que los esperara, que quería vengar a los muertos. Y con esto [se] promulgó la guerra. El señor de Tepeacac, llamado Coyolcul, y otros dos dijeron que fuese muy enhorabuena, que ellos se holgaban de ello y que hiciesen lo que quisiesen y les pareciese.

Motecuczuma, vista la resolución de Tepeacac, mandó apercibir todas sus gentes y los bastimentos y pertrechos que para la guerra se requerían, y puestos en camino llegaron a un cerro que llaman Coahuapetlayo, que es término de la ciudad de Tepeacac, y desde allí enviaron los de las provincias de México, que son los mexicanos con sus vasallos, a explorar la tierra y saber de los pertrechos de sus enemigos, los de Tepeacac. Y sabido que no había ni aun rumor de guerra, como afrentado, Motecuczuma dijo a su gente que se apercibiese, que aquella noche estaría todo concluido antes que el Sol saliera, y dio la traza que se había de dar en la pelea. Repartióse todo el ejército en cuatro partes, la una fue a Tecalco, otra a Quautlinchan, otra a Acatzinco, y otra se quedó sobre Tepeacac, y todos, al cuarto del alba, dieron su seña y arremetieron a un punto y hora señalada sobre ellos, quitándoles el templo y [la] casa de sus señores, haciendo en ellos extrema matanza y robo y se apoderaron de las cuatro ciudades. De suerte que cuando salió el Sol ya estaban en su poder, como Motecuczuma lo había prometido. Los de Tepeacac no pelearon, ora por temor o por cobardes, solo se decía que los señores principales de Tepeacac, y el mayor señor de ellos, salieron llorando, cruzadas las manos, postrándose delante de los mexicanos, pidiendo misericordia y perdón de su yerro, y ofreciéndose por sus siervos y vasallos.

A los once años que reinaba huehue Motecuczuma, primero de este nombre, hubo grandes nieves, y nevó seis días arreo y creció la nieve por todas las calles, que llegaba a la rodilla. En este tiempo, estaba la nación mexicana algo sosegada y vínoles una nueva cómo los huastecas habían muerto y asaltado a todos los mercaderes y tratantes que por aquella tierra y lugar andaban, así de las demás provincias como de México, y que luego, en cometiendo el delito, habían hecho en todos sus pueblos cinco cercas, una tras otra, de ricas tapias para su defensa.

Los de México, sabiendo lo que pasaba, se apercibieron y aprestaron para la batalla de lo necesario y, puestos en camino, llegaron a vista de sus enemigos, donde, por orden de Tlacaellel, hicieron una emboscada cubriendo con paja dos mil soldados valerosos, que cada uno tenía ley de no huir a veinte soldados, y otros a diez, y saliendo al encuentro con sus enemigos, los mexicanos se retiraron hasta que pudieron muy bien los de la emboscada coger en medio a los huastecas. Los vencieron con este ardid, trayendo los mexicanos grandes y ricos despojos, y grandísimo número de cautivos para sacrificar a su dios.

De estos cautivos, queriendo Motecuczuma hacer sacrificio a su dios, llamó a Tlacaellel y pidiéndole consejo, le dijo Tlacaellel:

—«Señor, el sacrificio ha de ser desollamiento y para esto conviene buscar una piedra grande para que en ella se haga el sacrifico». Motecuczuma dijo lo ordenara como le pareciera, mas que la piedra había de ser redonda y que alrededor y en la circunferencia se esculpiese muy al vivo la guerra de Azcaputzalco. Lo cual se hizo así, y allí se hizo el sacrificio muy solemne, estando presentes todos los señores de las ciudades y provincias circunvecinas.

Hecho este sacrificio, los mexicanos enviaron a Cuetlaxtlan a pedirles caracoles y veneras para el culto de sus dioses, y allá despacharon sus embajadores. Llegados que fueron a Huilizapan, que propiamente se dice Ahuilizapan, los señores de él avisaron al señor de Cuetlaxtlan, con quien estaban holgándose los señores de Tlaxcallan, y sabida la nueva, por amonestación y persuasión de los tlaxcaltecas, envió el señor de Cuetlaxtlan a mandar a los de Ahuilizapan que mataran a los embajadores y a todos los mercaderes y tratantes que hallar pudiesen, de los que estaban unidos con los mexicanos. Lo cual así se hizo, que no dejaron hombre a vida; solo dos hombres de Iztapalapan se escaparon y vinieron a dar la nueva a Motecuczuma.

Sabido lo que pasaba, huehue Motecuczuma llamó a Tlacaellel y a todo su consejo de guerra, y mandó que se apercibieran para ir contra Ahuilizapan, que [hoy] llamamos Orizaba, y puestos en camino llegaron allá en muy poco tiempo. Llegados junto a Orizaba, armaron sus tiendas, enviaron a explorar la tierra con espías y pusieron centinelas. Por las espías supieron cómo en Ahuilizapan no había rumor de guerra, aunque estaban ya sobre aviso, y apercibidos. Puestos en orden los mexicanos, les salieron al encuentro y, como los mexicanos los vieron, arremetieron con ellos con tanta vehemencia que a muchos de sus contrarios echaron por tierra, los que se defendieron con tanto ánimo y esfuerzo que no hicieron menos daño del que ellos habían recibido; pero al fin, los de Ahuilizapan, con todos los que los ayudaban, quedaron vencidos de los mexicanos y viendo los señores de Cuetlaxtlan y de las demás ciudades comarcanas que los mexicanos iban asolando sus ciudades, pidieron perdón, como era de costumbre, y así cesó la persecución y matanza de los mexicanos.

Vueltos a México con algunos presos, enviaron por gobernador de aquella provincia de Cuetlaxtlan a un valeroso mexicano llamado Pinotl por que la sustentara en paz y con obediencia para con los mexicanos y para cobrar los tributos.

En la Mixteca hay un famoso pueblo o ciudad llamado Cohuayxtlahuacan, donde se hacía un muy famoso tianguis, al cual acudían muchos mercaderes [de] todas las naciones, en especial de la provincia de México. Los señores de esta ciudad, no sé por qué ocasión, mandaron a sus vasallos que en saliendo un día de tianguis los mercaderes de la provincia de México, los robaran y mataran sin dejar a ninguno. Lo cual así se hizo y solo se escaparon los de Tultitlan, que se escondieron. Algunos de ellos vinieron con la nueva a México y contaron a huehue Motecuczuma lo que había pasado, de lo cual avisó luego a Tlacaellel y a los reyes de Tezcuco y de Tacuba, y mandó apercibir todo lo necesario para dar guerra a los que tal agravio les habían hecho, y lo mismo se avisó a todas las ciudades comarcanas de México. Juntóse grandísimo número de gente para ir a dar batalla, muchas más que en todas las pasadas, y viendo Motecuczuma que Tlacaellel era ya viejo y que no estaba para ir a tan larga jornada, hizo por general del ejército a un señor principal y valeroso que se llamaba y decía Cuauhnochtli y por su lugarteniente a otro que se decía Aticocyahuacatl, y mandóles que luego saliese lo gente.

Llegando a los términos de Cohuayxtlahuacan, asentaron los mexicanos su real y pusieron a punto todo lo necesario para la batalla, y, puestos todos en armas, caminaron hasta divisar a sus contrarios. Luego, como los vieron venir con buen orden y muy lozanos, los mexicanos arremetieron a ellos con grande alarido y algazara y, revolviéndose entre ellos, fue tanta la matanza que en ellos hicieron que el campo se llenó de cuerpos muertos, y se fueron retirando a su ciudad. Los mexicanos, en su seguimiento, les ganaron el templo y le pegaron fuego y a todas las casas que era de ver, y así cautivaron gran número de soldados [a] sus enemigos y los vencieron, de suerte que los señores se rindieron y vinieron a pedir misericordia [con] las manos cruzadas y se ofrecieron a ser vasallos.

Bajadas las armas los mexicanos, los mixtecas se ofrecieron por perpetuos vasallos de los mexicanos y [dijeron] que todos los años acudirían con ricos tributos. Con esto se volvieron los mexicanos a su ciudad muy contentos y ufanos, y con muchas riquezas y con gran número de esclavos para sacrificar a sus dioses, como lo acostumbraban.

Llegados a México con la victoria, Tlacaellel dijo a Motecuczuma que mandara se hiciera una piedra que fuera semejanza del Sol y que la pusieran por nombre cuauhxicalli, que quiere decir «vaso de águilas», la cual dijo se hiciese y mandó que en su asiento y solemnidad se sacrificasen los presos que de Cohuayxtlahuacan se habían traído. Esta piedra es la que hoy día está a la puerta del perdón de la iglesia mayor para hacer de ella una pila de bautismo. En esta piedra, en lo llano de arriba, está dibujada la figura de él y, alrededor, las guerras que venció Motecuczuma, el primero de este nombre, como son la de Tepeacac, de Tochpan, de la Huaxteca, de Cuetlaxtlan, y la de Cohuayxtlahuacan; todo muy curiosamente labrado con otras piedras, porque los canteros no tenían en aquel tiempo otros instrumentos.

En este tiempo ya que los mexicanos estaban algo sosegados, andaban los de Tlaxcallan tan ansiosos y deseosos de competir con los mexicanos y de inquietarlos que se fueron a Cuetlaxtlan, a los cuales, prometiéndoles su ayuda y favor, los persuadieron [a] que se rebelasen contra los mexicanos y mataran al gobernador que les habían puesto por la guerra pasada. Lo que ellos hicieron luego, y de aquí dieron ocasión a que los mexicanos volviesen otra vez contra Cuetlaxtlan con grandísimo número de soldados. Saliéndoles al encuentro los de Cuetlaxtlan y toda su provincia arremetieron los unos con los otros con gran denuedo y osadía y al fin, los mexicanos salieron con la victoria. Como los macehuales, que es la gente plebeya, viesen la matanza que en ellos se hacía, pidieron audiencia a los mexicanos y, dada, se querellaron de sus señores y mandoncillos, diciendo cómo ellos habían movido la guerra, que pedían les castigasen, que ellos no tenían la culpa, y que los tributos que ellos los pagaban y no los señores.

Vista por los mexicanos la razón y justicia que los macehuales tenían y pedían, les mandaron traer a su presencia a sus principales maniatados. Lo cual hicieron ellos con mucha diligencia. Y traídos delante de los señores mexicanos, mandaron a los cuetlaxtecas que los tuviesen a buen recaudo y con guardas hasta que Motecuzuma avisara de lo que se había de hacer, y les mandaron que de aquí adelante fuese el tributo doblado que le daban. Nunca en esta ocasión los tlaxcaltecas les ayudaron en cosa, antes se estuvieron quedos.

Vueltos a México los soldados y [el] general dijeron al rey lo que habían hecho y cómo toda la provincia de Cuetlaxtlan quedaba quieta y pacífica, y cómo los principales quedaban presos y cómo los macehuales pedían justicia contra ellos. Vista por Motecuzuma la demanda, mandó fuesen degollados, por detrás cortadas sus cabezas y no por la garganta, y que fuesen a ejecutar esta justicia dos oidores del consejo supremo y así, ellos mismos los degollaban con unas espadas de navaja. Y con esto quedaron los macehuales muy contentos y les pusieron otro gobernador de México y otros señores nuevos de su misma nación. Vueltos los ejecutores a México, dieron razón de todo lo que habían hecho.

Sabiendo Motecuzuma cómo en Guazacualco había muchas cosas curiosas de oro y otras cosas, comunicó con Tlacaellel si sería bueno enviar por ellas para adorno del templo de su dios Huitzilopuchtli, y por parecer de los dos se despacharon sus mensajeros y correos. Llegados que fueron a Guazacualco dieron su embajada, y los señores de él acudieron con grandísima voluntad a ello y les dieron aún muchas más cosas de las que les pidieron. Volviéndose a su ciudad los correos cargados con lo que en Guazacualco les habían dado, llegaron a un pueblo que está antes de Huaxacac, que se llama Mictlan. Llegados allí, los de Huaxacac tuvieron noticia de su llegada y saliéndoles al camino a la salida del pueblo de Mictlan, los mataron y les quitaron todo cuanto traían, y los dejaron fuera del camino para que las auras los comieran, como lo hicieron.

Viendo Motecuzuma que los mensajeros se tardaban y que no había nueva de ellos, túvolo por mala señal y, estando con determinación de enviarlos a buscar, llegaron unos mercaderes de Amecameca, que venían de Guazacualco, los cuales dieron la nueva de cómo los oaxaqueños habían muerto a los correos reales de Motecuzuma. Lo cual, sabido por Motecuzuma, le dio grandísima pena y, luego, mandó llamar a Tlacaellel y contóle lo que había pasado y tomó parecer con él si se les daría luego la guerra, y quedando de acuerdo que se les diese para cuando la edificación del templo se acabase, para celebrarla con cautivos que trajesen si salían con la victoria. Y con esto dio prisa a que se acabase el templo.

Acabado el templo, Motecuzuma envió [para] que todos los señores de su reino se apercibieran para ir a destruir a los de Huaxacac por lo que habían cometido, avisándoles de lo que habían hecho y lo que había pasado. Puestos en camino grande número de soldados, llegaron a Huaxacac y asentaron sus tiendas de suerte que cercaran toda la ciudad, de suerte que nadie podía huirse. Visto por los de Huaxacac cuán cercados estaban de mexicanos, comenzaron a temer y a desmayar. Luego, otro día, los capitanes mexicanos, habiendo comido la gente, y apercibidos del orden que habían de guardar en la guerra, y habiéndoles avisado cómo la voluntad de Motecuzuma era de que aquella ciudad se destruyera y asolara, y que en el llano no quedara piante ni mamante, y que los que pudieran coger vivos no los mataran, sino que los pusieran a recaudo, y con esto hecha la señal acostumbrada, empezaron el combate. En breve tiempo hicieron lo que les fue mandado, de suerte que no quedó hombre, ni mujer, ni niño, ni viejo, ni gato con vida, ni casa, ni árbol que no lo echasen por tierra, y cogieron grande número de esclavos y tomaron su camino para México, donde fueron llegados y muy bien recibidos a su usanza, como tenían costumbre.

Traídos y entregados los cautivos de Huaxacac para sacrificar en el día de la dedicación del templo, viendo Motecuzuma y Tlacaellel que ya eran tenidos y temidos por toda la tierra y por esto cesarían las guerras, y que cesando ellas cesaría el sacrificar hombres, de lo cual decían ellos se servía mucho su dios, para que esto no faltase, dieron un corte, por orden de Tlacaellel, para que su dios no estuviese atenido a las guerras. fue el parecer que pues los tlaxcaltecas y toda aquella provincia estaban mal con ellos, que fuesen los soldados mexicanos a los tianguis todos los días que los hubiera en la provincia de Tlaxcallan, como era en Tlaxcallan, Huexotzinco, Cholula, Atlixco, Tliliuhquitepec y Tecoal, y que allí en lugar de comprar joyas, comprasen con su sangre víctimas para sus dioses. Lo cual comunicado con el rey, le pareció muy bien a él y a su consejo, porque demás de tener víctimas para sacrificar a su dios, seguíase otro bien a la provincia mexicana, que era estar de continuo ejercitados en las armas y en las cosas de la guerra, que para conservación de sus reinos era lo que más convenía.

Y para que en esto hubiera la ejecución que se pretendía, Tlacaellel, en nombre de su rey y sus grandes, publicó una ley y premática que el que de alguno de estos tianguis de Tlaxcallan trajera algún preso, que del tesoro real le diesen la joya o joyas que su trabajo merecía y que ningún. noble o no noble, aunque fuese de la sangre real, su ordinario traje y vestido fuese más de como suele andar la gente baja y de poco valor, si no fuese que lo hubiese adquirido y ganado por vía de la guerra en estos tianguis y así, podrían traer todo cuanto por rescate y premio de los que cautivaban les daba Motecuzuma y no otra cosa que de esta suerte en la guerra o por esta vía no se adquiriera. De esta suerte, se conocían los que eran cobardes y de poco corazón, y los que eran valientes y esforzados, y de esta suerte todos los que andaban bien aderezados y se trataban bien, aunque fueran de la sangre real, eran tenidos por hombres bajos y los hacían servir en cosas y obras comunes. Finalmente, era ley inviolable entre ellos, puesta por Tlacaellel, que el que no supiera ir a la guerra que no fuera tenido en cosa alguna, ni reverenciado, ni se juntase, ni hablase, ni comiese con los valientes hombres, sino que fuese tenido como hombre descomulgado o como miembro apartado, digo podrido y sin virtud. Así, a este modo, les dieron mil preeminencias...

Esta premática se publicó por toda la real corona de México y se mandó guardar inviolablemente, so pena de la vida al que lo contrario hiciere. Todo el reino se holgó de tal ley por ver que ya sus hijos tenían dónde poderse ejercitar y ganar honra y hacienda. Y así, estando todos los principales del reino juntos en cortes, le dieron al rey y a Tlacaellel el parabién de la nueva ley.

Estando, pues, todos los señores juntos, el rey Motecuzuma se levantó y los rogó que cada uno acudiese con la gente que pudiese para que la ciudad de Huaxacac se tornase a reedificar y a poblar de nuevo. El rey de Tezcuco acudió para esto con sesenta hombres casados con sus mujeres e hijos, el rey de Tacuba acudió con otros tantos y, finalmente, cada señor acudió con los que pudo. La ciudad sola de México dio seiscientos vecinos casados con sus mujeres e hijos y así el rey a todos los que fueron les hizo donación de aquella tierra para que entre sí la repartieran, e hizo señor y virrey de aquella tierra a su primo Atlacol, hijo de su tío Ocelopan, a quien mataron los chalcas en la guerra. Congregados todos los pobladores en México, el rey les hizo una plática, animándolos y dándoles grandes privilegios, fueros y exenciones, y mandóles que la ciudad la trazasen de suerte que cada nación estuviese de por sí en su barrio, y que en todo procurasen que aquella ciudad imitase a la de México. Llegados a Huaxacac, poblaron su ciudad conforme a la institución que su rey, huehue Motecuczuma, les dio.

En el año de 1454, cuando los indios por la cuenta de sus años contaban Ce Tochtli, que quiere decir «uno conejo», y los dos años siguientes, reinando huehue Motecuzuma, el primero de este nombre, fue tanta la esterilidad de agua que hubo en esta tierra de la Nueva España que, cerradas las nubes, casi como en tiempo de Elías, no llovió poco ni mucho, ni en el cielo en todo este tiempo hubo señal de querer llover, tanto que las fuentes y manantiales se fueron y los ríos no corrían y la tierra ardía como fuego y se abría, haciendo grandes aberturas y hendiduras. Fue tanta la esterilidad y falta que de todas las cosas había que la gente comenzó a desfallecer y enflaquecerse con la hambre que padecían, y muchos se morían, y otros se huían a lugares fértiles a buscar con qué sustentar la vida.

El rey Motecuzuma, viendo que su ciudad y todas las de la comarca se despoblaban y que de todo su reino venían a clamar y darle aviso de la gran necesidad que se padecía, mandó llamar a todos sus mayordomos, factores y tesoreros que tenía puestos en todas las ciudades de su reino, y mandó saber de ellos la cantidad de maíz y frijol, chile, chía y de todas las demás legumbres y semillas que había en las trojes reales, que en todas las provincias había cogido para su sustento real, y ellos dijeron haber en las trojes gran cantidad de bastimentos con que se podía suplir alguna parte de la necesidad que la gente pobre padecía. Tlacaellel, como hombre piadoso, dijo al rey que no dilatase el remedio por lo que queda dicho. Y así, mandó Motecuzuma, por parecer de Tlacaellel, que del bastimento que había recogido se hiciera cada día tanta cantidad de pan y otra tanta de atole y que tantas canoas entraran con el dicho pan y atole, y mandaron que todo esto se repartiese entre los pobres y gente necesitada solamente, y que el pan viniese hecho tamales, y que cada tamal fuese como la cabeza de un hombre, y que no se trajese maíz en grano, ni hubiese saca de ello para otra parte, so pena de la vida. Dado este mandato, empezó a entrar en México veinte canoas de pan y diez de atole cada día. El rey puso regidores y repartidores de este pan, los cuales recogían toda la gente pobre de todos los barrios, viejos y mozos, chicos y grandes, y repartíanles el pan conforme a la necesidad de cada uno, y a los niños aquel atole, dándoles a cada uno una escudilla grande de ello.

Pasado un año que el rey daba este sustento, vino a tanta estrechura el año siguiente y disminución de sus trojes que el rey no se podía sustentar. Avisado de sus mayordomos cómo ya sus graneros reales se iban acabando, mandó juntar [a] todos los de la ciudad, viejos y mozos, hombres y mujeres, e hízoles un último banquete de lo que restaba del maíz y de las demás semillas, y después que hubieron comido, mandólos vestir a todos, y al cabo les hizo tina lastimosa plática consolatoria, la cual acabada empezaron los indios a dar grandes gemidos y a derramar muchas lágrimas.

Viendo que ya no tenían remedio, dieron en irse y dejar la ciudad a buscar su vida, y acogíanse a los pueblos que entendían hallar hombres poderosos que los sustentasen, y vendían los hijos, y daban por un niño un cestillo muy pequeño de maíz a la madre o al padre, obligándose a sustentar al niño todo el tiempo que la hambre durase. Muchos de los que se iban a otros pueblos se caían muertos por los caminos, arrimados a las...

Número 2
Noticias relativas a la conquista: desde la llegada de Cortés a Tezcuco hasta la toma del templo mayor de México
... sin que en todo caso se viniesen y dejasen odios pasados. Y así que Ixtlilxuchitl, que a esta causa le avisaron que Cortés y sus amigos venían por aquella senda del atajo y que habían de salir por donde ya se dijo, luego a la hora se partió a la vuelta de Tezcuco. En esto, Cohuanacotzin y los demás

sus hermanos, que también les avisaron de la venida y por donde, salieron a encontrar a Ixtlilxuchitl el cual toparon con su gente cerca de Tepetlaoztloc, donde se abrazaron, que fue la primera vez que se habían visto después de las disensiones, como ya está tratado. Allí trataron de muchos negocios y Cohuanacotzin dijo lo que pasaba en México y cómo el rey Cacama, su hermano, estaba allí y Motecuzuma, su tío, le había cometido el recibimiento de los españoles, y que él había venido en orden de su hermano a apercibir en la ciudad comida y regalos para si acaso quisiesen venir por allí, y pues que ya tenía nueva cierta que habían de venir a salir por aquel camino, era de parecer que los recibiesen y convidasen a su ciudad. El Ixtlilxuchitl, como [lo] deseaba, dijo que sí. Y así, los recibieron.

Capítulo ... Que trata de cómo Ixtlilxuchitl y sus hermanos recibieron a los cristianos, y lo que ordenó Motecuzuma en México, después que supo de su venida en Tezcuco
Alegres los españoles de ver desde lo alto de la sierra tantas poblaciones, etc., hubo algunos pareceres de que se volviesen a Tlaxcallan hasta que fuesen más en número de los que eran; pero el Cortés los animó y así, comenzaron a marchar la vuelta de Tezcuco y se quedaron aquella noche en la serranía.

Otro día, fueron caminando, y, a poco más de una legua, llegaron Ixtlilxuchitl y sus hermanos con mucho acompañamiento de gente, de la cual se receló al principio Cortés; pero al fin, por señas y por intérpretes, supo que venían de paz, con que se holgó mucho. Ellos llegaron a los cristianos y como les enseñasen al capitán, Ixtlilxuchitl se fue a él con un gozo increíble y le saludó conforme a su usanza, y Cortés con la suya. Luego que lo vio, quedó admirado de ver a un hombre tan blanco y con barbas, y que en su brío representaba mucha majestad; y el Cortés de verle a él y a sus hermanos, especialmente a Tecocoltzin, que no había español más blanco que él. Al fin, por lengua de Marina y de Aguilar, le rogaron que fuese por Tezcuco para regalarle y servirle. Cortés, agradecido, admitió la merced, etc., y [dijo] que para allá dejaba el tratar la causa de su venida. Y allí, a pedimento de Ixtlilxuchitl, comieron Cortés y los suyos de los regalos que de Tezcuco les trajeron.

Caminaron luego a su ciudad y les salió a recibir toda la gente de ella con grande aplauso, etc. Hincábanse de rodillas los indios y adorábanlos por hijos del Sol, su dios, y decían que había llegado el tiempo en que su caro emperador Netzahualpitzintli muchas veces había dicho. De esta suerte entraron y los aposentaron en el imperial palacio, y allí se recogieron, en cuyo negocio los dejaremos por tratar de las cosas de México. Por momentos entraban correos y avisos al rey Motecuzuma, el cual se holgó mucho del recibimiento que sus sobrinos hicieron al Cortés, y más de que Cohuanacotzin e Ixtlilxuchitl se hubiesen hablado, porque entendía nacería de aquí el retirar Ixtlilxuchitl la gente de guarnición que tenía en las fronteras; pero de otra suerte lo tenía ordenado Dios.

Capítulo ... Cómo Cortés declara a Ixtlilxuchitl por lengua de los intérpretes la ley evangélica, y cómo se bautizó con sus hermanos y madre y gran número de gente, y del consejo que Motecuzuma tomó en México y lo que resultó
Agradecido Cortés al amor y gran merced que de Ixtlilxuchitl y hermanos suyos había recibido, quiso en pago, por lengua del intérprete Aguilar, declararles la ley de Dios. Y así, habiendo juntado a los hermanos y a algunos señores les propuso el caso, diciéndoles como, supuesto que les habían dicho cómo el emperador de los cristianos los había enviado de tan lejos a tratarles de la ley de Cristo, la cual les hacían saber que era etc.

Declaróles el misterio de la creación del hombre y su caída, el misterio de la Trinidad y el de la Encarnación para reparar al hombre, y el de la Pasión y Resurrección, y sacó un crucifijo y, enarbolándole, se hincaron los cristianos de rodillas, a lo cual el Ixtlilxuchitl y los demás hicieron lo propio. Declarándoles luego el misterio del bautismo y, rematando su plática, les dijo que el emperador Carlos, condolido de ellos, que se perdían, les envió a solo esto. Y así, pedía en su nombre, y les suplicaba que en reconocimiento le reconociesen vasallaje, que así era voluntad del Papa, con cuyo poder venían.

Pidiéndoles la respuesta, respondióle Ixtlilxuchitl llorando y en nombre de sus hermanos, que él había entendido muy bien aquellos misterios y daba gracias a Dios que le hubiese alumbrado, que él quería ser cristiano y reconocer [a] su emperador. Pidió luego el Cristo y lo adoró, y sus hermanos hicieron. lo propio, con tanto contento de los cristianos que lloraban de placer. Pidieron que los bautizasen, y el Cortés y [el] clérigo que allí había les dijeron le instruirían mejor y le darían personas que los instruyesen. Él respondió que [fuera] mucho de enhorabuena, aunque les suplicaba se le diesen luego, porque él, desde luego, condenaba la idolatría, y decía que había entendido muy bien los misterios de la fe. Por lo que al oír que hubo muchos pareceres en contrario, se determinó Cortés a que le bautizasen. Fue su padrino Cortés y le pusieron por nombre Hernando porque su emperador se llamaba así, todo lo cual se hizo con mucha solemnidad. Vestidos Ixtlilxuchitl y su hermano Cohuanacotzin con sus hábitos reales dio principio a la primicia de la ley evangélica, siendo él el primero y Cortés su padrino por lo cual le llamó Hernando, como a nuestro rey católico; y el Cohuanacotzin se llamó Pedro por Pedro de Alvarado, que fue su padrino el Cortés. Y así, fueron los cristianos apadrinando a todos los demás señores y poniéndoles sus nombres. Y si fuera posible, aquel día se bautizaran más de veinte mil personas; pero con todo eso se bautizaron muchos.

El Ixtlilxuchitl fue a su madre Yacotzin, diciéndole lo que había pasado y que iba por ella para bautizarla. Le respondió que debía de haber perdido el juicio, pues tan presto se había dejado vencer de unos pocos de bárbaros, como eran los cristianos. A lo cual le respondió el don Hernando que si no fuera su madre, la respuesta fuera quitarle la cabeza de los hombros; pero que lo había de hacer, aunque no quisiese, que importaba la vida del alma. A lo cual respondió ella con blandura que la dejase por entonces, que otro día se miraría en ello y vería lo que debía hacer. El se salió de palacio y mandó poner fuego a los cuartos donde ella estaba, aunque otros dicen que [fue] porque la halló en un templo de ídolos. Finalmente, ella salió diciendo que quería ser cristiana y llevándola para esto a Cortés con grande acompañamiento. La bautizaron y fue su padrino el Cortés y la llamaron doña María, por ser la primera cristiana. Y lo propio hicieron a las infantas sus hijas, que eran cuatro, y otras muchas señoras. Y en tres o cuatro días que allí estuvieron, bautizaron gran número de gente, como está dicho.

Y a cabo de esto el Motecuzuma, sabiendo lo que pasaba, llamó a su sobrino Cacama a consejo y a Cuitlahuacatzin, su hermano, y los demás señores, y propuso una larga plática en razón de si se recibirían los cristianos y de qué manera. A lo cual respondió Cuitlahuacatzin que a él le parecía que en ninguna de las maneras, y el Cacama respondió que él era de contrario parecer, porque parecía falta de ánimo estando en las puertas no dejarlos entrar, de más de que a un tan grande señor, como era su tío, no le estaba bien dejar de recibir unos embajadores de un tan gran príncipe como era el que les enviaba, de más de que si ellos quisiesen algo que a él no le diese gusto, les podía enviar a castigar su osadía teniendo tantos y tan valerosos hombres como tenía. Y esto dijo que era su último parecer.

Y así, el Motecuzuma antes que hablase nadie dijo que a él le parecía lo propio. Cuitlahuacatzin dijo:

—«Plega a nuestros dioses que no metáis en vuestra casa a quien os eche de ella y os quite el reino y, quizá, cuando lo queráis remediar no sea tiempo». Con lo cual se acabó y concluyó el consejo y aunque todos los demás señores hacían señas que aprobaban este último parecer, Motecuzuma se resolvió en que los quería recibir, hospedar y regalar, y que Cacama, su sobrino, los fuese a recibir y Cuitlahuatzin, su hermano, se fuese a Iztapalapan y los aguardase en sus palacios.

Capítulo ... Que trata cómo salieron de Tezcuco Cortés y los suyos para México y cómo los tlaxcaltecas se fueron a sus tierras

Habido su consejo Cortés con don Hernando sobre la partida a México y habido de él con condición que no llevase consigo a los tlaxcaltecas, [porque] por ser muy enemigos de los culhuas causarían alboroto.

Acompañado de don Pedro, su hermano, y don Hernando Tecocoltzin, gran amigo de Cortés, y entrambos a dos por rehenes de reconocimiento que de vasallaje había el don Hernando hecho al emperador (como dieron el día de su bautismo), fueron aquel día todos a Iztapalapan donde aguardaba Cuitlahuatzin a Cortés, con mucha comida y regalos. Le hizo un solemne recibimiento y le aposentó en sus palacios y se holgaron mucho, y aquella noche llegaron muchos señores de México a darle de parte de Motecuzuma la bien venida, y a decirle que otro día lo aguardaba en México. Y así, por la mañana, se partieron para allí, y era tanta la gente que estaba por los caminos que venían a ver como a cosa nueva, que era cosa de admiración.

159

Avisado, pues, el rey de su llegada, mandó a Cacama hiciese el oficio que le había encargado. Y así, con una rica cadena de piedras preciosas y en hábito real vestido y en unas andas, salió a la calzada, adonde es ahora San Antón y Cortés se apeó del caballo y el rey de las andas y fuese el uno para el otro, y haciéndose gran cortesía Cacama le saludó a su usanza y Cortés a él a la suya, y le echó el rey la cadena al cuello, y queriéndole abrazar Cortés, llegaron sus capitanes a impedírselo, porque no podían tocarle como a divino. El rey le asió la mano y se entraron en la ciudad cercados de reyes, señores y capitanes muy valerosos. Llegando de esta suerte a palacio, salió Motecuzuma a recibirle en unas andas de oro con un palio muy rico, y dicen que a las andas iban asidos cuatro grandes sus vasallos, y de esta suerte salió hasta la plaza. Llegando cerca de Cortés, salió de las andas y le cogieron del brazo dos señores, los mayordomos de su reino, y Cortés hincó la rodilla en tierra y le pidió las manos, y él se abajó y levantó del suelo y le abrazó, haciendo el rey también su acatamiento. Le echó otra cadena de piedras al cuello de inestimable valor y le dio un xuchitl, de mucha pedrería, en señal de amor. Cortés hincó la rodilla y le recibió y echó al rey una cadena de oro al cuello, y con Cacama había hecho otro tanto, sirviendo la moza Marina de intérprete, aunque a lo corto.

Era tanta la gente que cargaba a verlos, que hizo Motecuzuma señas que anduviesen. Porfiaban sobre la mano derecha, y así el rey venció y le puso a ella, y a su sobrino Cacama le dio su brazo izquierdo y a los demás reyes a sus lados y delante los capitanes y señores, apartando la gente hasta que llegaron al palacio real que había sido del padre de Motecuzuma, Axayacatzin. Entrando en una gran sala, en donde tenía Motecuzuma su estado, se sentó y [sentó] a su derecha mano a Cortés, e hizo señas Cacama [para] que se apartasen todos y diesen orden en aposentar los cristianos y amigos que traían en aquellos grandes palacios, y se hizo todo y proveyó abundantemente de comer, Motecuzuma, por lengua de los farautes, le dijo estas palabras:

—«Señor, seáis bien venido, descansad que en vuestra casa estáis, y regalaos, que todo lo que yo soy y tengo está al servicio de vuestro emperador en nombre de quien venís. Asimismo, señor capitán, lo estaré al vuestro, y la parte del tesoro que yo tengo y heredé de mi padre, cada vez que quisiéredes, está al servicio del emperador. Y, porque vendréis cansado, por ahora no habrá lugar de más». Y con esto se despidió; Cortés quedó espantado de tanta majestad. Fuese el rey y Cortés miró por la fortaleza de la casa y aposentamientos de los suyos. Luego, le trajeron de comer una de las más opulentas comidas que deben de haber dado en el mundo, con mucho y muy buen servicio, y vajilla de oro labrada a lo bárbaro, y de esta suerte pasaron algunos días.

Capítulo ... Que trata lo que don Hernando Ixtlilxuchitl hizo después de la ida de Cortés y sus amigos, y de lo que otro día después del recibimiento de Cortés trataron él y Motecuzuma

Ido Cortés a México, don Hernando Ixtlilxuchitl, contentísimo de haber recibido la ley de Dios y fervoroso en ella con la ayuda del capitán Alonso de Zúñiga y un muchacho llamado Tomás, que iba aprendiendo la lengua y le industriaba en las cosas de la fe, dejando bastante guarda en Tezcuco, salió a recorrer las fronteras y a apercibir sus amigos y vasallos para si se le ofreciese a Cortés alguna necesidad. Hecho esto muy a gusto suyo, se volvió a la ciudad, donde se ocupaba en el cumplimiento de nuestra santa fe católica, de manera que si hubiera sacerdotes se bautizaran todos, y derribó y quemó los templos y deshizo los ídolos, y puso las cosas en tal punto que era cosa de espanto.

Volviendo a nuestro México, decimos que otro día por la mañana Motecuzuma envió a visitar a Cortés y él le recibió con mucho acatamiento. El rey le dijo por su intérprete si se le había dado todo recado, etc. Y el Cortés le respondió que todo había estado tal, etc., y le rindió las gracias. El rey le preguntó por su gente, diciéndole le dijese quién eran, si eran criados o vasallos, y si había gente de cumplimiento entre ellos por no quedar con los de valor y prendas corto. Y el Cortés le respondió que todos eran sus amigos y compañeros, y cada uno de ellos era tan bueno como él, excepto la dignidad de capitán. El Motecuzuma se holgó de ello y así, mandó que a todos los españoles los honrasen y diesen lo necesario, Cortés le dijo que le quería tratar negocios muy importantes y secretos que él no entendía, y declararle quién era el gran señor en cuyo nombre había venido. Holgando el rey de oírle, el Cortés, por lengua de Aguilar y Marina, le declaró los misterios de la fe, como lo había hecho en Tezcuco a don Hernando Ixtlilxuchitl, y, asimismo, le declaró quién era la persona del emperador don Carlos y cómo era cabeza del imperio de todos los cristianos, y quién era el Papa, y cómo venía con su licencia y nombre suyo, los cuales, teniendo noticia de él, le tenían lástima que siendo tan gran señor estuviese ciego y en un error tan grande como el de la idolatría. Y así, él venía a solo eso, por lo cual le suplicaba que se bautizase, que el emperador se lo rogaba y le ofrecía su amistad con condición que, como a emperador de los cristianos, le reconociese y tuviese por cabeza, y que esto se entendía siéndose él señor como lo era de su reino. A todo esto había estado Motecuzuma muy atento y con gravedad, y dijo que se había holgado mucho de haber entendido misterios tan altos y de ser amigo del emperador, y así en señal de esta amistad y nueva religión que le enviaba, le daría cada año lo que fuese bueno, y al presente partiría con él de sus tesoros para ayuda del gasto que había hecho. Lo cual, oído por Cortés, se holgó mucho y se le humilló. Aquí hay opiniones, porque unos dicen que él luego se bautizó y se llamó don Juan; otros dicen que no, sino que murió sin bautismo, pero, séase como se fuere, ello pasó así. Luego Motecuzuma asió a Cortés de la mano y le mostró todo el palacio, y le dijo cómo eran las casas reales del rey, su padre, y le enseñó un gran tesoro del mismo padre, y que para cuando se fuese le daría para el emperador. Cortés le rindió las gracias y quedó admirado de tanta suma de oro. Desde allí se despidieron y cada uno se fue a su palacio. Venía después muy a menudo a visitar a Cortés y a los suyos, y gustaba de su conversación.

Capítulo ... En que se trata la prisión de Motecuzuma. Y qué ocasión hubo para ello y lo que sucedió y de cómo Cacama y su hermano don Pedro se fueron a Tezcuco
Estando las cosas en el estado dicho, pensaba en su corazón Cortés cómo prendiendo al rey podía salir quizá con lo que pretendía. Fiado del valor y amistad de don Hernando Ixtlilxuchitl y de su ejército que en frontera tenía, se hubo de determinar y tomando por achaque que Cuauhpopoca, señor de Mextitlan (o según después se supo unos vasallos suyos), había muerto un cristiano, fingiendo que le cargaba el Motecuzuma la culpa y no la castigaba, dio orden de prenderlo en sus palacios. Y así, poniendo su gente a

punto y por los puestos señalados, se fue al palacio de Motecuzuma, que estaba bien descuidado, y recibiendo con alegría a Cortés. El Cortés le dio la carta y le dijo por lengua de su intérprete la causa y razón, quejándose mucho de Cuauhpopoca y que éste decía que por mandado suyo lo había hecho. Motecuzuma respondió que no sabía nada y para que supiesen su inocencia enviaría por Cuauhpopoca que se asegurase. Con esto, sacando un anillo del dedo en que estaba impresa su figura se lo dio a dos señores, los cuales fueron a él y le hallaron en la frontera de Otumba.

Aunque no contento con esto, el Cortés le dijo que, aunque le trajesen, convenía al bien común y a la quietud de sus soldados se fuese con él a su aposento, donde sería mirado como su misma persona y gobernar desde allí, y que esto hacía por aplacar a sus compañeros que estaban indignados y se quejarían de él, etc. Lo cual visto por Motecuzuma, replicó a su determinación por dos o tres veces; pero por no alborotar a sus vasallos dijo que iría. Y así, los dos, con algunos españoles, se fueron al aposento de Cortés, el cual dijo a Motezcuzuma que dijese a sus vasallos como de su voluntad iba para mejor poder tratar de las cosas de su salud y provecho. Así se hizo y quedó preso. Visto esto [por] el rey Cacama y entendida la prisión de su tío, llamó a don Pedro Cohuanacotzin, su hermano, y se fueron a Tezcuco con intento de juntar gentes y armas para venir contra los españoles; pero no tuvo efecto respecto a don Hernando, que estaba de por medio, y aun el mismo Motecuzuma dio orden cómo se le trajesen a México al Cacama, como adelante se dirá.

Capítulo ... En que se trata la muerte de Quauhpopoca y del rey Cacama. Y de cómo Cortés echó grillos a Motecuzuma, y lo que le pasó a don Hernando con su hermano don Pedro y Cacama
Partidos aquellos dos señores con el sello real por Quauhpopoca, pasando por Tezcuco supieron de don Hernando Ixtlilxuchitl dónde estaba, y hallándole en Otumba le trajeron por allí. El don Fernando le dijo la causa porque Motecuzuma le llamaba. Habiendo respondido el pobre de Quauhpopoca no saber de aquello nada y que quería irse a verse con el rey, pareció le bien al don Fernando. Se fue a México donde habiendo el rey sabido su llegada, sin verle se lo mandó entregar a Cortés, y Cortés le ahorcó luego en

público, cosa que causó espanto a todos. El rey Cacama, con su hermano, se procuraron dar prisa a juntar gente; pero el don Fernando se les opuso y dijo que no fuesen traidores, pues eran sus amigos cristianos y sujetos al emperador don Carlos. El rey Cacama, que no se había hallado presente a lo del bautismo ni era bautizado, dijo que no sabía nada. Y así, andaban los hermanos con grandes diferencias; pero podían tanto las razones de don Fernando que había muy pocos que siguiesen a Cacama, y así no osaba oponerse contra el hermano. Todo lo cual se sabía en México y Cortés se lo dijo a Motecuzuma y juntamente, que convenía para allanar a Cacama irse él a Tezcuco. Pero el Motecuzuma le dijo que no hiciese tal, porque Cacama era muy orgulloso y señor de los culhuas y chichimecas, y la ciudad muy fuerte, y le sucedería mal. [Cortés] tomó su consejo y [también] porque le dijo que él le haría venir y le aplazaría. Le mandó llamar por ciertos señores y vino, aunque lo trajeron con muy grandes cautelas y engaños hasta la laguna, donde, teniendo recaudo de canoas y gente de guardia, dieron con él en México. No queriéndole ver Motecuzuma, porque estaba enojado con Cortés respecto de que aquel día se determinó a echarle grillos, mandó que se lo entregasen (que a tanto llegó la confusión de Motecuzuma viéndose con grillos, que no osó de vergüenza ver a su sobrino) y, entregado el preso, amaneció un día muerto el desdichado Cacama, postrero rey y heredero directo del imperio chichimecatl, de edad de veinticinco años no cumplidos y gentil. Entre tanto que estas cosas pasaban en México, y en ausencia de don Fernando, que había ido a aplacar cierto motín a Otumba, levantado por la muerte de Quauhpopoca, don Pedro, su hermano y del Cacama, viendo que le habían llevado preso, convocó mucha gente para ir a libertarle; pero sabido por el don Fernando, fue por la posta a Tezcuco y haciendo a los soldados su acostumbrado razonamiento, les apartó de la memoria sus intentos. En esto, llegó la nueva de la muerte del rey Cacama, y el don Fernando y todos hicieron grandísimo sentimiento, y en particular por parte de don Fernando, que se quejó de Cortés al capitán Zúñiga, no tanto por su muerte, cuanto porque le había muerto sin el bautismo; aunque pasó por ello respecto de amistad de su ley y de la que ya debía a su nuevo emperador.

Capítulo ... Trata la venida de Pánfilo de Narváez y lo que le sucedió a Cortés con él. Y lo que hizo Pedro de Alvarado en México, que quedó en su lugar

En este tiempo llegó Narváez a prender a Cortés por orden de Velázquez con novecientos hombres. Y Cortés, luego que lo supo, trató de paces y le pidió ayuda, etc., pero no queriendo dársela, dejó a México y fue a buscarle y procuró don dádivas y como pudo atraer su gente a su servicio, y lo hizo. Una noche llegó adonde estaba el Narváez bien descuidado, y le prendió y llevó su campo [a] la vía de México, muy contento y ufano. En el entretanto, don Pedro de Alvarado, que había quedado en México por su lugarteniente, rogó a Motecuzuma que todos los señores, sus vasallos, hiciesen un mitote, como sabían, galanos y sin armas, para ver la bizarría y grandeza del reino. El rey lo hizo así, viniendo a su llamado para cierto día todos los más de los señores principales del imperio, juntándose en el patio mayor de un templo donde se solía hacer el baile, y viniendo muy apuestos y lozanos, etc., Pedro de Alvarado, habiendo dejado alguna gente con Motecuzuma de guarnición en las casas reales, dio con la demás sobre los pobres danzantes, mató los más de ellos y les despojó del tesoro que sobre sí traían. Lo cual se sintió tanto la ciudad que por poco no perecieran aquel día; pero al fin, ellos se recogieron a su fuerza. Motecuzuma, que no sabia lo que era, salió a verlo, y topando con Pedro de Alvarado le dijo [éste] que habiendo salido a ver la fiesta, los habían querido matar y ellos se defendieron, de manera que mataron muchos; pero que, como eran tantos, se habían recogido, que su alteza saliese y les hablase. Motecuzuma, que no le cumplía otra cosa sino creerlo, se subió a una azotea, desde donde les habló una y muchas veces. Ellos le deshonraron y llamaron el cobarde, etc.; pero no les descercaron la casa por algunos días, antes había cada día nuevos alborotos pidiendo su rey, y él los aplacaba y aplacó hasta que llegó Cortés de la Veracruz con mayor poder de gente y entró en la ciudad de México.

Capítulo ... Trata de cómo Cortés entró en México y de la muerte de Motecuzuma

Caminando Cortés con su nueva y lucida compañía vuelta de México, llegó a Tezcuco un día a ocasión que don Hernando acababa de llegar de las fronteras que tenía de la otra parte de México, donde ahora es Guadalupe, de socorrer a los cristianos para que, picando por aquella parte a los de México, aflojasen en el combate del fuerte (aunque los cristianos no lo podían saber respecto de estar tomados los puertos), y la causa de su venida a Tezcuco era para juntar mayor poder y entrar por la parte de Iztapalapan. Cuando le vido y con tanta gente se holgó mucho y le dio razón de lo que pasaba. Quisiera partirse luego; pero don Hernando le detuvo hasta otro día y le dio más de cincuenta mil hombres, y a don Carlos por su capitán. El aguijó por las fronteras, juntando y recogiendo gentes, de manera que en dos días dicen que recogieron más de doscientos mil hombres y dándoles nueva de que a Cortés le defendían la entrada, fue volando con su ejército y caminó toda la noche, de manera que cuando amaneció ya se había juntado con Cortés y sus amigos. El [Ixtlilxuchitl] con su gente, arremetió por la parte que es ahora San Antón, donde había mucha fortaleza respecto de las puentes quebradas y acequias hondas; pero sabiendo los mexicanos que era Ixtlilxuchitl el que los defendía, desmayaron, de manera que se fueron retirando adentro de la ciudad y, entrando, reparaban los tezcucanos las puentes, y gastaron en esto tres días. No cesaban los asaltos de la casa fuerte por aquesto, a lo cual Motecuzuma iba acudiendo y aplacando, hablándoles desde la azotea. Y realmente perecieran los cristianos, sino [fuera por] que quiso Dios que un día reconociendo Cortés y sus amigos el peligro, a pesar de sus enemigos y con ayuda el don Fernando entraron hasta la fortaleza por fuerza de armas y levantaron el cerco. Y él, con los suyos, entró dentro, y don Fernando se retiró a San Antón. Supo Cortés la causa del alboroto, que fue la tiranía de Alvarado, y mostró pesarle mucho [aunque otros dicen] que él se lo dejó mandado antes que se fuese. Finalmente, viéndose el marqués con más de novecientos españoles y los amigos que tenía, determinó un caso que, aunque [se] le dio otro color Dios sabe la verdad, y fue que al cuarto del alba amaneció muerto el sin ventura Motecuzuma, al cual pusieron el día antes en un gran asalto que les dieran en una azotehuela baja para que les hablase con un pequeño antepecho, y, comenzando a tirar, dicen que le dieron una pedrada; mas, aunque se la dieron, no le podían hacer ningún mal, porque había ya más de cinco horas que estaba muerto. No faltó quien dijo que, porque no le viesen herida, le habían metido una espada por la parte baja. Con el cual achaque comenzaron a dar voces los españoles que habían muerto a su rey; pero sucedióles al revés, que entonces les batían la caza con mayor fuerza. Y si don Fernando no se hallara en México con su ejército, sin duda que murieran todos.

Capítulo ... Cómo con parecer de los españoles salió Cortés huyendo de México y don Hernando se fue a Tezcuco para enviarles socorro al camino

Viéndose Cortés con el agua a la garganta, como dicen, afligido y que no tenía otro socorro debajo del cielo que el de don Fernando, el cual era tan grande que cuando él estaba en el mayor fuego de la guerra cortado, le socorría con picar a los mexicanos por la parte de San Antón, de manera que los hacía que acudiesen allí y dejasen de cargar a los del fuerte (aunque esto callan los españoles no sé por qué). Viendo que no podía sustentarse, determinó una noche de salir de México, y salió con la mitad de su gente por la parte de Tacuba con tan gran silencio, que no fue sentido hasta que llegó a San Hipólito, donde le salieron al encuentro y murieron de los nobles amigos que llevaba y españoles algunos; mas al fin [se] fueron y [con] los tristes que quedaron en la casa fuerte, según dicen los viejos y en sus historias está pintado, hicieron los mexicanos fiesta [con] ellos y con su carne. Entendido por don Fernando lo sucedido, después de haber tenido una gran batalla con Cuitlahuatzin, su tío, que ya era rey después de la muerte de Motecuzuma, dio aviso a sus fronteras para que diesen a Cortés toda la ayuda necesaria que quisiese, y aunque les venían algunos mexicanos dando alcance, los de don Fernando se les oponían y detenían. Y así fueron caminando hasta que en uno de los llanos, entre Otumba y Cempohualan, llegó don Carlos por orden de su hermano con más de cien mil hombres y mucha comida para favorecer a Cortés. Pero el Cortés, no conociéndolos se puso en arma y aunque don Carlos se hizo a un lado y les mostró la comida, con todo aquesto se receló y llegándose a un capitán que tenía la bandera, se la tomó. Hablando con don Carlos, recibió la comida y dijo que dijese a don Fernando cómo él llevaba consigo sus hermanos y que le viese en Tlaxcallan, si fuese posible, y que mirase en el entretanto por las cosas de la Religión. Y con esto, se despidió de ellos y fue a hacer noche a Cempohuallan, donde los recibieron bien. Y otro día fueron a ojo de Tlaxcallan, donde, dicen, le salieron a recibir uno de los tres cabezas con gente y comida. Y otro día se fueron a Tlaxcallan, donde los recibieron con mucho amor y llanto de las mujeres tlaxcaltecas.

Capítulo ... Trata lo que Cortés hizo en Tlaxcallan y en algunos lugares de la comarca, y cómo don Fernando, tuvo un encuentro con su hermano don Pedro por volver por los cristianos
Llegado Cortés a Tlaxcallan, hubo entre los señores de la tierra alguna contienda sobre si los admitirían o no en la ciudad, pero al fin habiendo más votos que sí, los recibieron. Y estando allí regalados y curados, y saliendo a algunos lugares contra algunos mexicanos particulares reencuentros y saliendo siempre con victoria, determinó de volver sobre México. Y así, habiéndolo tratado con los señores tlaxcaltecas, ellos se ofrecieron a ayudarle, por verse libres de la esclavonía de los mexicanos. Les pidió que, para hacer unos navíos, le diesen de allí los materiales, tablas y clavazón; y ellos se lo prometieron. Con la cual promesa, y con que le vino alguna gente española de la isla de Cuba, en esta coyuntura se partió para Tezcuco, adonde, entretanto que pasaba aquesto, no estaba holgado nuestro don Fernando, porque su hermano don Pedro, en ausencia suya, vino desde México a Tezcuco y procuró persuadir a los tezcucanos [para que] fuesen a ayudar a su tío Cuitlahuatzin contra los cristianos. Hizo tanto que si el don Fernando no viniera con tiempos, juntara a su devoción más de doscientos mil hombres; pero como luego que lo supo vino y tenía tan buena persuasiva, persuadióles lo contrario, y así le dejaron solo. Don Pedro se volvió a México a ocasión que murió su tío, de enfermedad de unas viruelas que un negro de Narváez les pegó a los indios, de que murió infinidad de gente. Eligieron los mexicanos por rey a un sobrino de Motecuzuma llamado

Quauhtemoc, señor de Tlatelolco en México, sacerdote mayor de sus ritos y idolatrías, y hombre de mucho valor y terrible.

Capítulo ... Trata cómo Cortés y sus tlaxcaltecas entraron a Tezcuco, y cómo se hicieron allí los navíos y fueron sobre México, y por general de los indios don Fernando Ixtlilxuchitl

Partido de Tlaxcallan, Cortés llegó en dos días a Tezcuco, aunque por diferente camino, el cual no entendido de don Fernando envió a dos hermanos suyos para que le ofreciesen la ciudad, y él los recibió y fue a Tezcuco, adonde le regalaron y acariciaron con increíble amor y amistad. El mismo día, se fue don Fernando a Otumba para, desde allí, despachar y hacer llamamiento por toda la tierra y en su ausencia, algunos tlaxcaltecas, por algún odio antiguo, pusieron fuego a los palacios del rey Netzahualpitzintli, lo cual visto por los vecinos, se comenzaron a huir a los montes y a la laguna. Visto por don Carlos, se lo dijo a Cortés y fueron a matar el fuego con algunos principales, y dicen que Cortés les dijo este día por lengua de la moza Marina que no tuviesen miedo, pues tenían consigo a don Fernando, su rey, hijo de Netzahualpitzintli, que representaba su misma persona. Y con esto se sosegaron. Viniendo don Fernando y sabiendo lo que pasaba quiso castigar a los tlaxcaltecas, mas Cortés rogó por ellos y, con todo esto, mató dos o tres que habían sido caudillos, por lo cual se amotinaron los demás y se volvieron a Tlaxcallan. Por donde queda probado que no fueron ellos los que ganaron a México, sino don Fernando Ixtlilxuchitl con doscientos mil vasallos suyos, ayudando a los españoles.

Estando las cosas puestas en aqueste estado, llegaron Pedro de Alvarado, que se había quedado en Tlaxcallan, con algunos españoles y muchos tlaxcaltecas, con la madera y clavazón para los bergantines. Y luego, se hicieron, dando don Fernando todo recaudo de gente y oficiales y acabada que fue su fábrica y junto el ejército, hizo la zanja para la laguna, por donde los bergantines entrasen, que acabados y puestos en el agua no había más que ver. Repartió sus compañías y dejando a Tecocoltzin, su hermano, en la ciudad por guarda y para que les favoreciese de bastimentos, comenzaron su jornada los bergantines por la laguna con mucho número de canoas, de quien era capitán general don Carlos. Don Fernando y Cortés, con todo el ejército de naturales y españoles, fueron por tierra hasta la ciudad de México, adonde repartieron sus estancias y dieron orden para la batalla.

Capítulo ... Que trata cómo el rey Quauhtemoc llamó a consejo y trató con sus vasallos que se diesen, y cómo no quisieron y de otras cosas, etc.

Considerando el nuevo rey de México la fuerza que el español traía, juntó a consejo e hízoles representación de aquesto, y que estaba prometido que de Ixtlilxuchitl había de salir la ruina de los mexicanos, que se diesen con buenas condiciones, pues era menos mal que no morir a sus manos y a las de los españoles. No quisieron por tener [el] concepto de éstos [de] que eran insufribles y codiciosos. Tornóles otra vez a tratar aquesto, y aun otras dos, diciéndoles ser entonces tiempo cómodo. Dijeron que querían más morir que hacerse esclavos de gente tan mala como los españoles. Y así, quedó concluido que era mejor morir. La cual determinación [fue] sabida por Cortés, [quién] andaba dando orden a Ixtlilxuchitl de cómo sitiar la ciudad y, poniéndolo por obra, tuvieron muchas escaramuzas y batallas y pasaron de más de sesenta días, que si los cristianos alguna cosa ganaban de día, con la noche, al retirarse, lo perdían. Para volverlo ganar había más dificultad, así por las acequias como por los muchos que morían a las manos de los unos y los otros; y por la laguna había sus dificultades, que como no les daban lugar de poder entrar en la ciudad, andaban los bergantines a lo largo, y no eran de más efecto que de guardar aquel lado de la laguna. Lo cual visto por don Fernando, le dijo a Cortés que advirtiese que tenía vergüenza de lo poco que hacían, y que mirase que los españoles se apocaban, que le parecía que él entraría por aquellas calles y sus españoles detrás y como fuesen ganando casas las fuesen echando por el suelo y cegando acequias, si no fuese las necesarias para los bergantines, y que con esto vería lo que pasaba. Parecióle bien este consejo a Cortés y así se hizo, de manera que en la conquista de esta ciudad siempre llevó la delantera don Fernando.

Capítulo ... Como siguiendo el orden de don Fernando fueron los negocios de la guerra adelante y se ganó la mayor parte de la ciudad y el templo mayor, y lo que sucedió en esta ocasión
Determinada la orden que se había dado, y ordenado Cortés que algunos bergantines y canoas entrasen por las acequias reales, y los demás rodeasen y cercasen la ciudad, y el don Fernando que estuviese a punto, entró delante a su hora determinada, asolando y talando caserías y arboledas, y cegando las acequias en algunas partes, y siempre ganando tierra. Era tanta la gente que moría de una parte y de otra que no se puede decir. En muchas ocasiones, el famoso don Fernando mostraba tanto valor como se verá en este caso, y fue: que llegando al templo mayor, porque los demás ya estaban asolados y en aqueste se habían recogido algunos señores y capitanes con intento de mostrar lo último de su valor en defensa de sus falsos dioses, llegó el don Fernando al pie del templo y comenzó a subir por las gradas de él, llevando a su lado a su tío don Andrés Achcatzin, capitán famoso, señor de Chiyautla, que capitaneaba cincuenta mil hombres y al valeroso Cortés, que llegó a esta ocasión, sin otra persona alguna sino los tres por el gran peligro tan notorio. Y así, aunque con mucho trabajo, golpes y heridas, llegaron a lo alto, donde estaba el ídolo mayor muy adornado y compuesto de piedras preciosas, con una máscara de oro guarnecida de pedrería y una cabellera con tanta pedrería que lo uno y lo otro no tenía precio, y echando Cortés mano de la máscara y lo que de ella pendía, y el don Fernando de los cabellos que solía antes adorar, le cortó la cabeza y, alzándola en lo alto, la comenzó a enseñar y a decir a grandes voces a los mexicanos:

—«Veis aquí a vuestro falso dios y lo poco que vale. Daos por confundidos y vencidos y recibid el bautismo y la ley de Dios, que es la verdadera». A esta sazón, le tiraban tantas pedradas que fue necesario que su tío don Andrés con su rodela a él y a Cortés los guareciese, porque estaban puestos en parte donde recibían las pedradas que a estos dos famosos capitanes les tiraban. Y arrebató el ídolo.

Observación preliminar

En este vocabulario se reúnen las voces y frases náhualt que aparecen en la obra. Para su buen uso, conviene tener presente las notas que siguen:

1.º Se da la voz con su ortografía correcta. Las palabras que aparecen con una grafía errónea o corrupta se recogen también, anotando a continuación la forma usual.

2.º Para la alfabetización se sigue el sistema adoptado para el idioma mexicano: A, C, CH, E, H, I, M, N, O, P, Q, T, TL, TZ, U, X, Y, Z.

3.º Cuando el vocablo permite suponer dos o más interpretaciones se presentan todas las posibilidades.

4.º Igualmente, se apuntan las posibles traducciones de las palabras oscuras.

5.º Si la etimología es dudosa, se indica mediante una interrogación entre paréntesis.

6.º Tratándose de animales y plantas, se añade, cuando ha sido posible, la identificación científica.

7.º Los topónimos se señalan con la abreviatura topon. Salvo excepciones, se da la ubicación geográfica.

8.º Las entradas correspondientes a grupos étnicos, ocupacionales, etc., van precedidas de su forma singular o plural.

9.º Dadas las peculiares características del proceso de alfabetización de la lengua nahuatl, interesa no olvidar las siguientes normas:

a. No existe distinción clara entre O y U, A y E, y E e I.

b. El fonema W se transcribe en el siglo XVI con las letras •U, V o la combinación HU.

c. El sonido equivalente a Y se representó en diferentes •crónicas como I.

d. La Z aparece en algunos autores como C.

10.º Para la pronunciación de los términos nahua deben seguirse las siguientes indicaciones:

a. Las vocales:
Semejantes a las castellanas, excepto la U, cuya pronunciación es intermedia entre la O y la U.

b. Consonantes:

C: Silbante (S castellana) ante I e E; oclusiva (= K) ante A, O, U o cualquier consonante.
CH: Igual a la castellana, aunque más fuerte.
LL: Las dos L se forman de manera separada. Ejemplo: calli (casa) = cal-li.
TL y TZ: Fonemas fáciles de pronunciar si se da un golpe de voz al propalarlos.
X: Idéntica a la SH inglesa.
Z: Silbante (S castellana).

Glosario

ACAMAPICHTLI: «Puñado de cañas». Primer gobernante de Tenochtitlan (1372-1391).

ACATZINCO: «El lugar de las cañas preciadas». Topon. Localidad del Estado de Puebla dependiente del señorío de Tepeaca.

ACOPILCO: «Lugar del agua de Copil». Topon. Manantial de agua caliente cercano a Tenochtitlan.

AHUILIZAPAN: «Río de las candelas encendidas» o «El lugar de las aguas alegres». Ciudad de Cuetlaxtlan, Estado de Veracruz.

AHUITZOTL: «Nutria». VIII gobernante de Tenochtitlan (1486-1502).

AMAQUEMECAN: «El lugar de los revestimientos ceremoniales de papel». Topon. Zona del Valle de México.

ATLACOL: «Antepasado de la tierra anegada (?)» Primo de Motecuhzoma I. Gobernador de Huaxayac (Oaxaca).

ATLACUIHUAYAN: «El lugar donde se tomó el atlatl». Localidad del Valle de México.

ATLATL: «Lanza dardos». Tiradera.

ATLIXCO: «En la superficie del agua». Topon. Ciudad del Estado de Puebla.

AXAYACATL: «Máscara de agua» o «Mosco acuático». VI gobernante de Tenochtitlan (1472-1482).

AYAUHCIHUATL: «Mujer de niebla». Esposa de Huitzilihuitl, segundo gobernante de Tenochtitlan.

AZTLAN: «Lugar de las garzas», «lugar de blancura» o «lugar de las aguas blancas». Tierra mítica situada al NO. de México.

CACAMA: «Sombrío». Señor de Tezcoco. Hijo de Nezahualcoyotl y sobrino de Motecuhzoma II.

CALPUTETES: forma corrupta de calpulteteo.

CALPULTETEO: (sing. Calpulteotl), «Dioses del calpulli». Deidades patronas de las distintas demarcaciones de Tenochtitlan.

COAILHUITL: «Fiesta de todos y en general». Denominación del conjunto de ceremonias celebradas en honor de Huitzilopochtli.

COAIXTLAHUACAN: «En la llanura de la serpiente». Topon. Ciudad del Estado de Oaxaca.

COANACOCHTZIN: «El que tiene orejeras de serpiente, Hermano de Fernando Ixtlilxochitl, aliado tetzcocano de Cortés.

COATEPANTLI: «Cerca de serpientes». Nombre dado al muro con figuras de serpientes entrelazadas que circundaba el recinto del Tempo Mayor de Tenochtitlan.

COATEPEC: «Cerro de la serpiente». Topon. Lugar mítico donde se asentaron los mexicâ durante la migración.

COATZACOALCO: «El lugar donde se oculta la serpiente». Topon. Localidad ubicada en el actual Estado de Veracruz-Llave.

COHUAILHUITL: véase Coailhuitl.

COHUANACOTZIN: véase Coanacochtzin.

COHUATEPANTLI: véase Coatepantli.

COHUATEPEC: véase Coatepec.

COHUAYXTLAHUACAN: véase Coaixtlahuacan.

COPIL: «Diadema de gobierno.» Hijo de Malinalxochitl, hermana del dios Huitzilopochtli.

COYOACAN: «En donde tienen coyotes». Topon. Población del Valle de México.

COYOCUL: «Cascabel encorvado (?)» señor de Tepeacac.

CUAUHNAHUAC: «Junto al bosque». Topon. Cabecera del señorío de los tlalhuicâ.

CUAUHNOCHTLI: «Tuna de águila». Nombre de un funcionario de Tenochtitlan.

CUAUHPOPOCA: «Águila humeante». Señor de Meztitlan. Acusado de haber dado muerte a unos españoles, Cortés le mandó quemar vivo en la plaza de Tenochtitlan.

CUAUHTEMOC: «Águila que desciende». XI gobernante de Tenochtitlan (1521-1526).

CUAUHTLINCHAN: «Nido de águila.» Topon. Localidad del Estado de Puebla dependiente del Señorío de Tepeacac.

CUAUHXICALLI: «Vaso de águila». Recipiente de piedra o de madera donde se depositan los corazones de los sacrificados.

CUETLAXTLAN: «Donde hay cueros». Topon. Señorío de cultura totonaca situado en la costa del Golfo de México.

CUITLAHUAC: «Cieno acuático», literalmente «Excremento seco». 1. Nombre del X gobernante de México (1521). 2. Topon. Localidad del Valle de México.

CULHUA o COLHUA: (pl. culhuaque o colhuaque), «Los que tienen antepasados». 1. Habitantes de Culhuacan, localidad del Valle de México. 2. Nombre dado por los pueblos no azteca del imperio a los Pobladores del México Central.

CULHUACAN: «Lugar de los que tienen antepasados». Topon. Capital del Estado Culhuâ.

CUYUHUACAN: véase Coyoacan.

CHACHALMECA: «Linaje de Chalman (?)» La etimología que da el autor del Códice Ramírez no es imposible; pero parece más correcta la que se da arriba. El empleo de un gentilicio para denominar a los sacerdotes mexicâ pudo originarse, quizás en el hecho de que estos ministros procedían de la región de Chalman o Chalco.

CHALCA: (sing. chalcatl), «Gentes del lugar de la esmeralda». Habitantes de Chalco.

CHALCO: «El lugar de la esmeralda» o «En la concavidad del terreno». Topon. Localidad del Valle de México.

CHAPULTEPEC: «Cerro del saltamonte». Topon. Monte que jugó un importante papel en la historia de México.

CHICHIMECA: (sing. chichimecatl), «Linaje de perro». 1. Nombre genérico dado a los popoloca o bárbaros de las fronteras septentrionales del imperio mexicatl. 2. Denominación de los acolhua de Tetzcoco, descendientes directos de los chichimecas norteños.

CHIMALPOPOCA: «Rodela humeante». III gobernante de Tenochtitlan (1417-1426).

CHOLULA: castellanización de Cholollan, «El lugar de la huida». Topon. Ciudad del Estado de Puebla.

CHOLOLTECA: (sing. chololtecatl), habitante de Cholula.

EZAPAN: «Donde al agua sangrienta». Topon. Laguna situada al N. de la ciudad de Tenochtitlan.

EZHUAHUACATL: «El que posee rayas de sangre (?)» Funcionario de Tenochtitlan.

HUAUHTLI: denominación del bledo de agua. Amaranthus Hipocondriacus.

HUAXACAC: «En el principio de los calabazales». Topon. Territorio que se corresponde con el actual Estado de Oaxaca.

HUAXTECA: (sing. huaxtecatl). Gentilicio derivado del topónimo Huaxatla, «El lugar donde abundan las calabazas». El Huaxtecapan —la región habitada por los huaxteca— está situada donde se juntan los Estados mexicanos de Tamaulipas, San Juan Potosí y Veracruz.

HUEXOTZINCO: «En el lugar del pequeño sauce». Topon. Localidad del Estado de Puebla.

HUILIZAPAN: Véase Ahuilizapan.

HUITZILIHUITL: «Pluma de colibrí». Nombre de dos gobernantes mexicâ. El primero, Huehue Huitzilihuitl («El viejo»), fundó un Estado aztecatl independiente de Chapultepec; pero derrotado por una coalición de los Estados del Valle fue sacrificado. El segundo rigió los destinos de Tenochtitlan entre 1391 y 1417.

HUITZILOPOCHTLI: «El colibrí del sur». Númen tutelar de Tenochtitlan.

ITZCOATL: «Serpiente de obsidiana». IV gobernante de Tenochtitlan (1425-1440).

IUTAPALAPAN: «Sobre las lajas». Topon. Localidad situada a orillas de las lagunas de Tetzcoco.

IXTLILXOCHITL: «Preciosa caña de nudos negros» o «Flor de pétalos negros». 1. Gobernante de Tezcoco, también llamado Ometochtli («Dos conejo»). 2. Miembro del linaje real de Tetzcoco que colaboró con Hernán Cortés en la conquista de México. 3. Historiador tetzcocano de la época colonial.

MACEHUALES: castellanización de macehualtin.

MACEHUALLI: (pl. macehualtin), «Merecido» o «El que los dioses merecieron». 1. Hombre, en general. 2. Hombre de clase baja, campesino, pobre, plebeyo.

MALINALCO: «El lugar de la hierba de heno». Topon. Localidad fundada por Malinalxochitl, hermana del dios Huitzilopochtli.

MALINALXOCHITL: «Flor de heno». Hermana y rival del dios Huitzilopochtli.

MICTLAN: «La región de los muertos». 1. Nombre de uno de los ultramundos de la religión mexicatl. 2. Topon. Localidad del Estado de Oaxaca.

MICHOACAN: «El lugar que posee peces». Estado de México, cuya denominación completa es Michoacan de Ocampo. Durante la época prehispánica fue asiento del pueblo tarasco.

MIXTECA: (sing. mixtecatl) Gentilicio derivado del topónimo Mixtlan, «Lugar de nubes» o «Lugar nebuloso, Los mixteca, raza fuerte y valiente, jamás fueron dominados por los mexicâ. A partir de la época colonial, el término Mixteca designa una región del Estado de Oaxaca.

MOTECUCZUMA: véase Motecuhzoma.

MOTECUHZOMA: «Señor encolerizado». 1. Gobernante del mítico Aztlan. 2. V gobernante de Tenochtitlan (1440-1468), también llamado Ilhuicamina («Flechador del cielo»). 3. IX gobernante mexicatl (1502-1520), apodado Xocoyotl («El joven»).

NAHUATLACA: «Hombres que se expresan bien». Denominación que se daban a sí mismas las etnias nahuaparlantes.

NEZAHUALCOYOTL: «Coyote hambriento». Gobernante de Tetzcoco.

NEZAHUALPILLI: «Príncipe que ayuna». Gobernante de Tetzcoco hijo de Nezahualcoyotl.

NETZAHUALPILTZINTLI: véase Nezahualcoyotl.

NEYOLMAXILTILIZTLI: «Apercibimiento» o «Acto de quedar satisfecho». Ceremonia que consistía en avisar al esclavo encarnación de Quetzalcoatl de que sería sacrificado al noveno día.

OCELOPAN: «Estandarte de tigre». Tío de Motecuhzoma I. Muerto en la guerra con Chalco.

OLOLIUHQUI: «El que hace girar». Semilla de propiedades alucinógenas, cuyos principios activos están estrechamente relacionados con la dietilamida del ácido lisérgico-d (L.S.D.) Turbina corymbosa (L) Raf.

OROZABA: castellanización del topónimo Ahuilizapan.

OTOMITL: etimología sin determinar. Nombre de una raza o grupo de razas y familias lingüísticas.

OTUMBA: castellanización de Otompan, «En la tierra de los otomi». Topon. Población del Valle de México dependiente del señorío de Tezcoco.

PAPA: véase Papahua.

PAPAHUA: «El que tiene aladares». Nombre dado a los sacerdotes indígenas. El término hace referencia a la larga cabellera característica del clero aztecatl.

PINOTL, [Pinol (?)]: «Pinole». Gobernador mexicatl de Cuetlaxtlan.

QUAUHTEMOC: véase Cuauhtemoc.

QUETZALCOATL: «Serpiente emplumada», «Serpiente preciosa» o «Gemelo Precioso». Deidad del panteón nahuatl.

QUETZALCOATL: véase Quetzalcoatl.

TACUBA: castellanización de Tlacopan.

TECALCO: «El lugar de la casa de piedra». Topon. Ciudad del Estado de Puebla dependiente del señorío de Tepeacac.

TECOAC: «Donde la culebra de piedra». Topon. Localidad del Estado de Puebla.

TECOCOLTZIN: «Doloroso». Hermano de Fernando Ixtlilxochitl, aliado tetzcocano de Cortés.

TEHUANTEPEC: «Donde se comen a la gente». Topon. Nombre del istmo que se forma al angostarse la república mexicana entre el Océano Pacífico y el Golfo. Esta región, de clima tropical, está poblada por diversas especies de felinos carnívoros.

TEMAZCALLI: «Casa del baño de vapor». Pequeño edificio similar a las saunas finesas. El baño de vapor tenía entre los nahua fines rituales, higiénicos y medicinales.

TENOCHTITLAN: «El lugar del tunal sobre la piedra». Topon. Capital del imperio aztecatl.

TENUCHTITLAN: véase Tenochtitlan.

TEPANECA: (sing. tepanecatl), «Habitante del lugar pedregoso». Grupo étnico de filiación desconocida que jugó un papel decisivo en el devenir histórico de la Cuenca de México.

TEPEACAC: «Punta del cerro». Topon. Señorío situado en el actual Estado de Puebla.

TEPETLAOZTOC: «En la cueva de arena del cerro». Topon. Localidad del Valle de México dependiente del Estado de Tetzcoco.

TEQUANTEPEC: véase Tehuantepec.

TETZCOCO: «El lugar de la olla de maíz» o «Donde el tráfico y multitud de gente». Capital del Estado acolhua, miembro de la Triple Alianza.

TEOCOLHUACAN: «El lugar de los que tienen antepasados divinos». Tierra mítica donde se situaba Chicomoztoc.

TEZCATLIPOCA: «Espejo que humea». Deidad.

TIANGUIS: castellanización de tianquiztli.

TIANQUIZTLI: mercado.

TIZAAPAN: «Lugar del yeso». Topon. Territorio semidesértico del Valle de México dominado por Culhuacan.

TIZOC: «Tiznado de yeso». VI gobernante de Tenochtitlan (1482-1486).

TIZOCZIC: véase Tizoc.

TOCI: «Nuestra abuela». Deidad.

TOCHPAN: «Donde el conejo». Topon.

TOLTITLAN: «Junto de los tulares». Topon. Localidad del Valle de México.

TOLLAN: «Entre juncias». Topon. Capital del Estado fundado por los tolteca. Por extensión, ciudad grande y populosa, metrópoli.

TOPILTZIN: «Nuestro príncipe». 1. Denominación del dios Quetzalcoatl. 2. Nombre del supremo gobernante toltecatl. 3. Sacerdote.

TOXCATL: «Sequedad». Sexto «mes» del año nahuatl. Durante este periodo se celebraba la fiesta de Tezcatlipoca, dios de la providencia.

TO XIUH MOLPILI: «Se atan nuestros años». Es frase y no sustantivo. Denominación del «siglo» mexicano, que constaba de cincuenta años.

TOXIMILPILI: véase To xiuh molpili.

TULA: véase Tollan.

TULTITLAN: véase Toltitlan.

TLACAELLEL: «El desposeído» o «Moral clara». Constructor del imperio mexicano. Cihuacoatl («Mujer serpiente») o máximo gobernante interno de Tenochtitlan desde la caída de Azcapotzalco hasta su muerte en 1472.

TLACAXIPEHUALIZTLI: «Desollamiento del hombre». Tercer «mes» del año mexicano. En este periodo se celebraban los ritos en honor del dios Xipe Totec («Nuestro señor el desollado»).

TLACOPAN: «Lugar de las jarras». Topon. Ciudad Tepanecatl del Valle de México. Formó, junto con Tetzcoco y Tenochtitlan, la Triple Alianza.

TLALHUICA: (sing. tlalhuicatl), «Morador del país del cinabrio».

TLALOC: etimología dudosa. Dios de las aguas.

TLATELOLCO: «Lugar arenoso». Topon. Ciudad hermana de Tenochtitlan fundada por un grupo de disidentes.

TLATELULCO: véase Tlatelolco.

TLAXCALLAN: «El lugar de las tortillas de maíz». Topon. Señorío del Estado de Puebla.

TLILIUHQUITEPEC: «Donde el cerro negro». Topon. Localidad del Estado de Puebla.

TZIHUACPOPOCA: «Mujer humeante (?)». Noble mexicano de rasgos físicos parecidos a los de Motecuhzoma II.

XIHUITL: «Hierba», «Turquesa» o «Año», Nombre del año nahuatl, que se dividía en dieciocho «meses» de veinte días, más cinco días nefastos.

XIUHTLAPILI: «Atadero rico». Otra denominación del xiuhmolpili o «siglo».

XOCHIMILCÂ: (sing. xochimilcatl), «Gentes de las sementeras de flores». Habitantes de Xochimilco, señorío del valle de México.

YACACOLTZIN: «Nariz encorvada». Princesa mexicana hermana de Motecuhzoma II. Casada con el gobernante de Tetzcoco, Nezahualcoyotl, tuvo de él a Fernando Ixtlilxochitl, aliado indígena de Cortés.

YACOTZIN: véase Yacacoltzin.

Libros a la carta

A la carta es un servicio especializado para
empresas,
librerías,
bibliotecas,
editoriales
y centros de enseñanza;
y permite confeccionar libros que, por su formato y concepción, sirven a los propósitos más específicos de estas instituciones.

Las empresas nos encargan ediciones personalizadas para marketing editorial o para regalos institucionales. Y los interesados solicitan, a título personal, ediciones antiguas, o no disponibles en el mercado; y las acompañan con notas y comentarios críticos.

Las ediciones tienen como apoyo un libro de estilo con todo tipo de referencias sobre los criterios de tratamiento tipográfico aplicados a nuestros libros que puede ser consultado en Linkgua-ediciones.com.

Linkgua edita por encargo diferentes versiones de una misma obra con distintos tratamientos ortotipográficos (actualizaciones de carácter divulgativo de un clásico, o versiones estrictamente fieles a la edición original de referencia).

Este servicio de ediciones a la carta le permitirá, si usted se dedica a la enseñanza, tener una forma de hacer pública su interpretación de un texto y, sobre una versión digitalizada «base», usted podrá introducir interpretaciones del texto fuente. Es un tópico que los profesores denuncien en clase los desmanes de una edición, o vayan comentando errores de interpretación de un texto y esta es una solución útil a esa necesidad del mundo académico.

Asimismo publicamos de manera sistemática, en un mismo catálogo, tesis doctorales y actas de congresos académicos, que son distribuidas a través de nuestra Web.

El servicio de «libros a la carta» funciona de dos formas.

1. Tenemos un fondo de libros digitalizados que usted puede personalizar en tiradas de al menos cinco ejemplares. Estas personalizaciones pueden ser de todo tipo: añadir notas de clase para uso de un grupo de estudiantes,

introducir logos corporativos para uso con fines de marketing empresarial, etc. etc.

2. Buscamos libros descatalogados de otras editoriales y los reeditamos en tiradas cortas a petición de un cliente.

www.ingramcontent.com/pod-product-compliance
Lightning Source LLC
Chambersburg PA
CBHW030049100426
42734CB00038B/849